藍學堂

學習・奇趣・輕鬆讀

當政客都在
說故事

破解政治敘事如何收攏民心、騙取選票！

The Art of
Political Storytelling

Why Stories Win Votes in Post-truth Politics

Philip Seargeant

菲利普·塞吉安特 著　何玉方 譯

謹獻給

熱愛長篇故事的丹妮莎

各界讚譽

「菲利普・塞吉安特這部題材新穎又有趣的作品，為當前的『後真相』困境提供獨特的觀點。當你發現說服人們的不是論證，而是受故事影響時，該怎麼辦？如果其中一些故事並不真實，又該怎麼辦？本書精確闡釋『敘事』在政治論述中的重要性。讀後感嘆世事、領悟真意，了解政客如何贏得選舉！」

——**李・麥金泰爾**（Lee McIntyre），《後眞相》（*Post-Truth*）作者、美國波士頓大學哲學科學史中心研究員

「本書深具啟發和娛樂，揭示我們何以成為政客故事中的參與者，又該如何取回自身命運的控制權。」

——**彼得・波莫朗塞夫**（Peter Pomerantsev），英國倫敦政經學院全球事務研究所資深研究員、美國約翰霍普金斯大學研究員

「在當前的新舊政權交替期間，本書重要且切合時機，幫助我們深入了解政治領導人長期以來如何操弄故事敘事，導致我們經歷、擁抱和拒絕的社會秩序。本書提供了寶貴途徑，讓我們講述相反的故事內容。」

——**克里斯汀．秦**（Christian W. Chun），美國麻州大學波士頓分校應用語言學副教授

「在這部及時又有說服力的作品中，菲利普．塞吉安特分析政治人物如何建構自己的敘事，以及選民為什麼更愛聽精彩的故事，而不是可驗證的事實。隨著陰謀論的蓬勃發展，真相一詞的真正含義受到質疑。本書是當今時代的重要著作。」

——**史蒂夫．巴克萊迪**（Steve Buckledee），義大利卡利亞里大學（University of Cagliari）英語和語言學講師

「本書適時、精彩論述了『說故事』在政治各領域的關鍵作用，提出豐富的實例，幫助讀者了解故事的建構手法、及其如何形塑我們的世界。強烈推薦給所有想了解當前政治情勢的人。」

——**皮婭．瓦里斯**（Piia Varis），荷蘭帝爾堡大學（Tilburg University）副教授

「塞吉安特認為，如果不思考政治人物的溝通行動、及其與流行文化和好萊塢電影中的故事敘述有何相似之處，就無法真正理解英國脫歐運動和美國總統川普、巴西總統波索納洛和匈牙利總理奧班等政客近期成功崛起的因素。這是一本令人害怕的書，但任何對當今如何進行政治溝通感興趣的人，都應該拜讀。」

——**大衛·布洛克**（David Block），加泰隆尼亞高等研究院（ICREA）社會語言學教授、西班牙龐佩法布拉大學（Pompeu Fabra University）

推薦序
政客說他的故事，你寫自己的結局

難攻博士

我始終相信，對人類而言，世上有兩樣東西具備無法抗拒的吸引力：其一是「面孔」，其二則是「故事」。

後來，我發現卡爾・榮格（Carl G. Jung）的「集體無意識」（Collective unconscious）也許提供了這些「相信」其來有自的線索。

走過街角連綿不絕的海報牆，就算眼角餘光不刻意張望，你仍然會對印著模特兒的海報優先啟動視覺反射。這種對於「面孔」無意識的辨識動作，也許源自人類（甚至大多數現存哺乳類）遠古弱肉強食時代的記憶殘留：無法第一時間辨認出面孔的草食物種，應該很難存活至今；肉食動物亦然。

對於「故事」這種人類文明最古老溝通形式的無意識接受與信任，則是一門更加有趣的學問。就算你對約瑟夫・坎伯的「單一神話」理論一無所知，也無損你對「故事」這種東西的熱愛吧？

坎伯及其後繼學者窮畢生之力，歸納出從古至今各種宗教神話及民間故事的背後，似乎擁有某種先驗的普同結構存在。這些起承轉合及悲歡離合的「潛公式」，在人類文明中隨處可見。

人們就是愛聽「故事」（幾乎是『只想聽故事』），而坎伯更進一步告訴我們：這些故事，其實翻來覆去都很類似——甚至可說是「同一個故事」。

姑且這樣說吧：誰能精確掌握這個關於「故事煉金術」的隱密規則，誰就能掌握操弄人心、魅惑群眾的無比強大魔法。

這本《當政客都在說故事》，就是嘗試破譯今日全球政治圈中最新版本「故事煉金術」的解體真書。

「民主社會出現迫切危機，為了阻止腐敗繼續蔓延，政治素人需要挺身而出！一個未曾被權力殿堂裙帶關係所玷污、具有非典型策略能力、立志對抗狂妄自私舊政治體制的庶民，站出來不只試圖革新制度本身，也將讓數百萬『人民』的未來改變成真！在過程中，他會一次次因為反抗菁英權威而遭到打壓、污衊、羞辱與撻伐；但他蔑視這一切並主導全場，替沉默弱勢伸張正義、喉舌咆哮，繼續為還政於民的大義而戰！」

這段「英雄故事」的結構毫不新穎，甚至有些陳腔濫調。是的，古往今來，幾乎所有政治場域上的挑戰者，都會採用這樣的「戰勝惡魔」原型故事套路來包裝自己。但我們在閱讀上頭那段「故事」的同時，腦袋卻幾乎浮現了某些熟悉的名字與面孔，不是嗎？

是啊，上述的「故事」骨幹，再配上「民粹主義」、「後真相」、「假新聞」、「政治娛樂化」、「風向代理人」、「另類事實」、「超譯關鍵詞」、「雙言巧語」、「麻辣觀點」……等等最新的迷幻技巧，讓所有自以為對「政客鬼扯」早有防備的人們，在不知不覺中被「故事結構」的無意識誘導力，悄悄帶往早已鋪設好的「完形」（gestalt）模板軌道當中，彷彿罹患強迫症似地，跟隨這些「吹笛人」一起走完剩下的「劇情」。

只可惜，這故事的happy ending（快樂結局）多半是「他的」，而不是「你的」。

但也許，我說也許，這本《當政客都在說故事》可以幫你扭轉結局。

（本文作者為「中華科幻學會」會長兼常務監事）

推薦序

文學打亂了政治的賽局：讀《當政客都在說故事》

朱宥勳

我讀《當政客都在說故事：破解政治敘事如何收攏民心、騙取選票！》的過程裡，一直想到我跟哲普作家朱家安的一段討論。那一天，我們講到「精準」這個詞。在哲學人朱家安心中，當他說某個詞很「精準」的時候，意思是那個詞恰如其分地指出了一個概念，不多也不少。而我告訴他，在文學人的習慣裡，狀況正好相反：當我說某某人的用字很「精準」的時候，我的意思是它不但表達了某概念，而且還引起很多豐富的聯想。哲學人的「精準」是「等於」；文學人的「精準」則是「大於等於」。

我想大多數人類，都會比較同意哲學人的用法。但《當政客都在說故事》要告訴我們的是，當政客學會了文學人的用法之後，會產生什麼樣的效應。

將政治行銷與「說故事」連結起來並不是新鮮事，就算是在台灣，這種說法也流行好幾年了。我自己也貢獻了一本書。不過，過往的討論往往聚焦在「故事」層次的討論，展示各種敘事技法如何轉化於政治行銷之中，是「技藝」層次的討論。《當政客都在說故事》縱然也有「技藝」（比如談敘事框架那章，就整理得非常精當），但它更關心的是「說」，是人們怎麼使用語言，乃至使語言變形滑移、失去原有意義的過程，更近乎於「原理」層次的討論。

簡言之，各式各樣的故事行銷講師教的是「如何操作」，「你只要這樣，就能那樣」；但《當政客都在說故事》講的卻是「事情為什麼是這樣」，「如果這樣，後果會怎樣」。也因此，比起純粹的技術教學，這本書更多了一份知識份子的憂心忡忡。

當現實開始模仿文學，很可能會出現誰都不想看到的後果。比如書中提到，在敘事技巧裡，有所謂「契訶夫之槍」，意思是「所有元素最終都必須派上用場」。這在小說、戲劇裡面很美妙，會帶來精緻的結構。但當現實生活充滿了雜亂無章的巧合，如果人們都套用敘事理論來理解現實，就會成為陰謀論的溫床：「巧合嗎？我不這麼認為！」更可怕的是，如果人們用這套理論來解釋政治，乃至於持守某一政治立場……

回到開頭關於「精準」的討論。文學人所推崇的，是發揮語言最大的彈性，能夠在概念與概念之間小巧騰挪，創造出模糊的美感。但當這種習性移轉到政治場域時，卻會使得「事實」的討論窒礙難行——因為說錯話的政客，永遠都可以在概念中滑移閃避。

當有一方政客開始使用這些「文學技巧」來操作政治時，政治的賽局就被打亂了。任意操弄語言的人，會獲得全新的力量，而迫使他的對手也只能「文學地反擊」。這本謹慎的書並沒有許諾明確的解方，但這種態度或許正是解方：《當政客都在說故事》用它正襟危坐的寫作風格告訴我們，唯有人們再次認真面對每一個字所代表的意義，而不是把文字當成可以任意揉捏之物時，我們的政治文明才能熬過這一波危機。

（本文作者為創作作家）

推薦序

懂說好故事者，得天下

Zen大（王乾任）

小布希為何能藉由九一一事件谷底翻身，輕鬆贏得連任？

二〇一六年川普競選總統時，民調一路落後，最後仍能贏得選舉？

蔣經國故總統最為人所懷念的，或許不是十大建設，而是那些與民間友人往來的小故事。

你可能不記得蔡英文競選政見的細節，但一定記得三隻小豬的故事。

你可能不支持韓國瑜甚至投下罷免票，但一定無法忘記高雄發大財，礦泉水、滷肉飯的故事。

政治場域的贏家，從來就屬於懂得說故事的人。

古代是贏得權位後改寫歷史，現在是從爭取上位就得說故事感動人心。

政治在當代日常生活中，更多出現在人們茶餘飯後的閒談議論，鄰近政治節目的是各種擅長說好故事吸引人們注意力的娛樂節目。

政治人物為了競逐閱聽人的注意力，也紛紛開始說故事，把政治變成超長壽的肥皂劇，每天在電視與網路上演，說服人民相信，授權其治理社會的合法性。

當國家需要外部敵人來團結內部力量，政治人物就創造一個善惡對決的故事，把外部勢力或政敵打成邪惡軸心，自己則是拯救村民脫離魔王的勇者。雖然能力不足，但因著信念，願意勇敢挺身而出。

懂得說故事感動人，即便沒資源、民調落後仍有機會逆轉勝，因為人們衷心期盼灰姑娘能戰勝不幸命運，獲得想要的人生。

反之，不懂說故事或是在政治敘述裡被對手定義為故事中的反派角色，即便能力再好，做再多事，難以從選舉中勝出，翻身機會渺茫。除非能夠翻轉故事！

《當政客都在說故事》從歐美政治人物、媒體環境與社會氛圍幾條路徑，詳細剖析、說明故事結構與敘述手法在當代政治中的基本作用，作者希望能夠協助讀者了解當前的政治環境、政治人物操作輿論，乃至選戰的文宣技巧，以此解釋當代政治場域正在發生的事，為什麼人們寧願相信政治場域的抹黑、造謠與假新聞也不願意相信真相，還有上述這些對你我人生與社會發展的影響。

我們必須承認，當代政治就是真人實境秀。對當代公民來說，每一次投票毋寧都是故事——智力測驗！不想被糟糕的人統治而關心政治的公民，一定要懂得運用本書介紹的故事法則，看懂每天在媒體上演的政治秀，不被政治人物口中感人的夢幻故事所迷惑。

（本文作者為「Zen大的時事點評」粉絲團版主）

推薦序

別懷疑，政治就是要故事力

陳方隅

一個好的行銷團隊，要很會說故事給消費者聽。同樣道理，一個好的競選團隊，要會說故事給選民聽，捕捉人們的目光以及支持。競選口號的設定、文宣，將直接影響到一位候選人能否贏得選舉。這本《當政客都在說故事》即是分析政治傳播的不同應用，除了介紹目前政治傳播的管道、相關背景之外，更詳細分析各種不同政治「故事」的結構、情節與人物設定，以及說服的方式。

這本書當中的案例很多，包括了各國不同選舉中出現的精彩故事。雖然讀者們不一定了解該次選舉的狀況，但光看不同陣營的口號和主打故事的設定，我們可以一再感受到政治宣傳的專業所在。公共關係和政治傳播非常專業，只是社會上普遍對這行業不甚了解。例如，前陣子選舉完後的政治獻金及競選支出的申報當中，很多人對於政治人物花錢請公關公司以及文宣團隊這件事情，非常不能諒解。其實，說一個好的故事並且把它傳播出去，每一個環節都很專業。

除了各國的真實案例，讀者們也可以用書中談的原理，拿來分析一些過去人們印象深刻的台灣競選口號。例如陳水扁的「有夢最美，希望相隨」，馬英九的「我們準備好了」，蔡英文「最後一哩路」及「點亮台灣」，柯文哲「改變成真」，以及曾經襲捲全台的韓國瑜「東西賣得出去，人進得來，高雄發大財」，像這樣的簡潔口號，往往可以吸引人們的目光。

這本書很適合想要從事政治工作的人，以及從事公關行業的人來讀。政治公關要做的事情無非就是分析市場、找出目標群眾、精準投放廣告、設計廣告文案等等，本書提供很多相關的參考素材。本書也很適合一般大眾來讀，因為我們平常接收到的政治相關訊息非常多，而且選舉已是日常生活的一部分，讀了這樣的書之後，我們更可以知道，各家公關公司如何抓住人們的注意力。更有甚者，各種假新聞、假訊息的識讀，也和這些事情有關。如果我們可以增加「識讀能力」，那麼用直白的話語來說，這樣可能比較不會被「帶風向」。

書本的最後一章提醒大家（或許也可以說是提醒所有政治人物），說故事是一個說服的過程，但不是政治的全部，我們該把重心放在制定政策和實行層面。如果一個政治人物只有話術而沒有政策內涵，無法走得遠。「當今政治舞台上最突出的演員，是那些把自己包裝成非典型政治人物的人。」讀者們有沒有覺得，這與許多地方出現的狀況都很像呢？

（本文作者為菜市場政治學共同編輯、美國密西根州大政治學博士）

目錄

第三部　語言與修辭　155

第一部

世界末日政治

第1章
情境設定

這是一個「英雄」的故事，肩負拯救世界脫離邪惡勢力的使命，對抗一心要奴役無辜人民、腐敗又自私的敵人。為了實現這個目標，他不得不冒險深入敵營，放棄過去的安逸生活，踏上危險、無情的旅程。這趟旅程的每個階段，持續遭受對手不擇手段又兇殘的攻擊。在他奮戰不懈深入黑暗核心之際，盟友、同事、甚至朋友卻開始懷疑他的決心，有人勸他放棄任務，另一些人則完全喪失信心，最終與敵人為伍。

最低潮、危機四伏時，不僅他欲完成的任務受到威脅，自己也有生命危險，處在生死存亡的關頭。然而，正是這個危急時刻，他才能真正發揮自身潛力，此刻正是探索內心深處，認清自己真實身分的時機。透過自我信念、堅韌的性格、和完成志業的堅定決心。在最後的衝突中，他與敵人正面對決，終於完成不可能的任務，贏得光榮的勝利。最後一幕，他凱旋而歸，不單是個人成就，同時也拯救了世界免於未來的災難。

英雄當道時代

上述是經典的故事原型，可以在此架構中嵌入無窮無盡的場景，變化出大量的好萊塢電影情節。處於中心地位的英雄（通常是男性，但非絕對必要），可能在無意中捲入星際衝突，不得不與專制的帝國軍隊作戰。他們可能在市政廳對抗貪污舞弊，或與冷血無情的保險公司搏鬥，也可能挺身保護西部小鎮的居民對抗掠奪者，或是運用法醫與心理學技能追緝連環殺手。同樣的結構，也可以做為政治戲劇的藍圖，講述一個無辜的局外人被派去華盛頓，對抗特權階級和邪惡統治菁英猖狂不誠實的故事。

換掉結局，你會看到一個悲劇性的反英雄故事。馬克白（Macbeth）被野心迷惑，以欺騙和謀殺來謀求蘇格蘭王位，最後不顧一切想爭取自身命運的控制權。《教父》（*The Godfather*）的麥可．柯里昂（Michael Corleone），面對父親遭人暗殺未遂，最後被迫繼承家族黑幫事業。還有《絕命毒師》（*Breaking Bad*）的華特．懷特（Walter

White），遊走於道德尺度更模稜兩可的中間地帶，他試圖為家人求取經濟穩定的未來，因而天真地踏入犯罪集團的世界，最後不得不學會在這個全然違背自己道德人生觀的環境中求生存。

但是，這種結構不僅是無數虛構故事的基礎，幾乎也可說是唐納．川普（Donald Trump）成為總統候選人的故事。這幅藍圖完全驚人地體現在川普競選總統的敘事模式。故事的實際講述方式（無論是悲劇、英雄戲劇、還是鬧劇）顯然取決於你所選擇的論調，同時也取決於你對川普及其所堅持的價值觀的看法，但是故事情節的基本走向（動機、奮鬥、高潮）幾乎是完全相同。

本書想要論證的主旨，是這種相似性既非偶然，也非無關緊要。川普取得候選人資格、及隨後的總統任期，完全以他的角色為中心。投入政壇之後，他的角色創造出典型的好萊塢劇情結構，這是促使他成功的動力之一。他的整個傳奇故事即使不是非看不可，也很引人注目。在一個瘋狂追劇和典型的長壽劇時代，這個故事在收視率中一直獨占鰲頭。川普為自己創造敘事、講述的故事以及操縱媒體放大傳播的方式，提供了一個範例，說明政治敘事有說服力操弄策略，可說是川普成功成為政治人物的基礎。川普故事的結構直接拆解所有偉大戲劇的樣板，將一切相同的成分混合在一起：**明確定義敵人和主角、一項艱鉅的任務、和不太可能達成的結果、一頁又一頁令人印象深刻的對話。**

因此，對政治版圖的現狀產生了重大影響。事實上，我認為政治敘事發揮了關鍵作用，重塑了我們看待政治、以及整個文化和社會各方面。

川普並不是唯一一位擅長利用「說故事」建立說服力的人，在英國脫歐公投中，「脫歐陣營」的訴求，是另一個操弄敘事效果的有力例證，再次塑造了一個劣勢者的故事，一個受欺壓的團體對抗看似堅不可摧的專制官僚機構，藉此將投票轉化成一種戲劇性的抗爭行動。

操弄這種手法的不只過去幾年的政客，歷史上幾乎所有著名的政治人物和運動，都有一個特定的故事敘事，以及一套相關的思想、政策或行動。換句話說，每一位成功的政治家背後，都有一個簡單而有力的故事。

之後你將看到，在過去幾年來，堅持這種溝通策略變得越來越重要，不僅塑造我們的政治立場，也普遍影響我們對世界的理解。生活在這個時代，深入操弄人們的情感遠比理性辯論更有效，這已經成為一種現代咒語，甚至是陳腔濫調。人們主要根據自己的價值觀和感受投票，這個概念說明了川普、英國脫歐和鮑里斯．強森（Boris Johnson）、接管巴西的賈爾．波索納洛（Jair Bolsonaro）、以及匈牙利的維克多．奧班（Viktor Orbán）等東歐民粹主義者的成功因素。在各個案例中，迷惑選民的是激情，並不是理性主義，而操弄情感最強大的工具之一，就是說故事。

本書旨在闡明有說服力的故事敘述，在社會中發揮的關鍵作用。說故事是詮釋整個社會的重要元素，我們對世界的了解可能建立於事實和證據的基礎上，然而事實只有置於上下文中才有意義，而這種語境往往圍繞故事建立。縱觀歷史，雖然說故事一直在政治中發揮重要作用，但如今加上數位媒體、民粹主義和黨派之爭，正使故事成為說服過程中越發重要的部分，重要到即使當前的人物角色下了舞台，他們煽動的故事情節仍將繼續回響於文化中。正如本書即將展示的，並不是只有那些競選公職或掌權者會利用故事說服，假訊息、「假新聞」和宣傳操作的策略也根源於此。

正因如此，對敘事的理解可以讓我們更深入洞察權力運作，也能利用這些動力，像對手一樣，強力有效地傳達自己的想法、觀點和主張。因此，本書的目的是：**展示敘事工具和技巧如何塑造我們對世界的理解、探討故事的結構以及傳播和競爭模式、說明故事運用的修辭策略、編造和敘述故事的語言**。

本書要強調的是，語言是整個故事的重要組成。語言經常被歸咎為造成公共論述的失敗、現代政治的危急狀態、社會衰退，並且刻意掩蓋現狀而非澄清事實。然而，語言本身只是一種溝通工具。其實是人們操弄語言的方式、對語言的反應、語言如何反映社群團體的關注點，共同導致了政治現狀。要了解事物的因果發展，需要仔細檢視語言如何被運用、操縱，以及這種操弄手法對形塑社會觀念的影響力。

當然，無論是使用的語言、或是語言所建構的故事，都不是無緣無故出現的。我們講述的故事不僅塑造、同時也反映了現今世代。這些故事需要一個可嵌入觀念、理想或恐懼的一種氛圍環境。當前政治局勢可以簡單歸結為，「後真相」和「民粹主義」這兩種全球文化趨勢的衝突。針對現代世界的各種分析當中，這兩個術語都被人任意擺佈。二者定義都模糊不清，對不同的人來說，有不同的意義。那麼，為了深入理解這對當今政治的重要性，並為這個特殊的故事設定場景，讓我們先倒回幾年「世界末日」的前夕。

度過世界末日

讓我們從一個非常直接、但略帶哲理的問題開始。當世界末日最終到來時，簡單說就是，當人類故事達高潮篇章時，該如何因應？是否將其視為在焦土上重建社會的機會？重啟文明，重新發掘人類有什麼能力？重新考慮人類對永續能源的態度、以及與科技之間的關係？最終採取果斷行動因應氣候變化？

還是乾脆把世界末日當成行銷契機？寄望消費主義力量的信念能夠驅散世界末日的陰霾？

不出所料，面對二〇一二年底人類文明可能毀滅的傳言時，消費主義正是各大跨國公司的最後選擇。在那一年的大部分時間裡，人們對於古代瑪雅曆法系統的預言（抑或網路謠言）感到越來越不安，該系統預言世界末日將至，不僅即將來臨，而且會在十二月二十一日準時到來。

有人提到，各種自然災害可能是引發末日災難的催化劑，其中包括尼比魯行星（Nibiru）與地球的直接碰撞，在太空中盤旋。這個預測來自一位婦女，她自稱一直接收到來自網罟座ζ星系（Zeta Reticuli）外星人的訊息，他們選擇她為傳聲筒，向人類發出即將滅絕的警告信號[1]。正是出於這種擔憂，美國航空暨太空總署（NASA）認為有必要介入並揭穿她的預測[2]。然而，即使採取了冷靜的策略，隨著日期迫近，有報導指出全球各地都出現了恐慌性購買，俄羅斯「緊急狀況部長」迫切發表安定人心的聲明[3]，而英國《衛報》（*Guardian*）當天全程直播讓人神經緊繃的戲劇性發展[4]。

對於廣告商而言，這是不容錯過的好機會。Jell-O果凍食品公司製作了一則廣告，提供一箱布丁做為祭品獻給瑪雅眾神，希望能說服他們解除這場災難。雪佛蘭的汽車廣告將故事更進一步地發展，顯示Silverado車款伴隨著美國歌手巴瑞·曼尼洛（Barry Manilow）的歌聲，慢速行駛於世界末日後的廢墟中，當駕駛者終於碰到其他倖存的伙伴時，他們都為同伴「戴夫」不幸沒能活下而感到遺憾，因為這位該死的傻瓜開的是福特汽車。這引起福特公司員工強烈不滿，對於影射自家產品在文明崩解後會消聲匿跡的想法感到憤怒，威脅雪佛蘭立刻撤下廣告[5]，這證明即使到了世界末日，企業律師仍然炙手可熱。另外則是保險套品牌杜蕾斯（Durex）。以這則廣告標語鼓勵大家忘卻此事，「世界末日不是唯一一件即將到來的高潮」[❶]。

當然，對於大多數人來說，瑪雅啟示只是個玩笑，如政治媒體顧問托比·伯科維茨（Tobe Berkovitz）所謂的「八卦災難」（water cooler catastrophe）。他指出，你會看到利用人類災難的想像來推銷布丁和避孕用品，卻不太可能看到「取笑財政危機的廣告。」[6]社會和文化動盪真正到來之時，並不會涉及外星人公報或星球式的汽車對撞，但是世俗的影響卻讓人更難以接受。

在二十世紀初，人類祖先便經歷了第一次世界大戰的時代巨變，現在已經進入二十一世紀，我們是否經歷過同樣重大規模的事件，就此改變了未來的發展方向？既然事實證明瑪雅大災難並不存在，當本世紀歷史被寫入史冊時，導致人類做出重大變革的時刻究竟是什麼？

二○○八年的全球金融危機是其中一例，至今仍在社會結構中迴盪著令

---

❶ The end of the world shouldn't be the only thing coming，此處coming 有隱晦雙關語「性高潮」之意。

人不安和意想不到的後座力。然而，事件本身卻沒有重大歷史轉捩點的象徵意義。此事無論是在過程中、還是影響力，絕對是戲劇性的，但是，或許還不夠精彩到成為奇觀。

再看看二〇一六年的大事。對於許多人來說，這是變化重大、幾乎使我們對現今社會理解陷入極度困惑的一年。甚至早在當年七月時，就有人質疑這是否「真的是史上最糟糕的年份之一」[7]。諸如此類的頭條新聞，顯然與當前的「自戀誇張」有很大關係。然而，到了該年底，人們的感覺是，就算世界末日尚未到來，至少在全球文化的外殼上已經出現了一道深深的裂痕。最明顯的莫過於理性和真理突然失去權威，人民不再擁有過去在公民辯論中享有的地位，以及不再擁有影響未來的選擇方式。

局勢徹底失控的一年

二〇一六年以積極向上的精神開始，本年度標誌著作者湯瑪斯．摩爾（Thomas More）的《烏托邦》（*Utopia*）五百週年紀念，書中勾勒出他對完美社會的願景。從一月開始舉行了為期十二個月的慶祝活動，口號是「充滿想像力和可能性的一年」（A Year of Imagination and Possibility）[8]，為了紀念這場合，還設計了一面特殊的鮮黃色旗幟，上面有一個大大笑臉[9]。然而，一年尾聲時，那句口號和飄揚的樂觀旗幟，卻顯得相當空洞。

想觀察世界如何經歷這一年，簡單的入門方法是，檢視各大詞典選出什麼「年度代表詞彙」來捕捉時代精神。這些故事提供有趣的洞察力，二〇一六年的戲劇性和創傷經歷，非但不是理想的烏托邦年代，反而是充滿了「偏執狂」和「後真相」、持續不斷的「難民」危機、「仇外心理」，以及極其危險的「法西斯主義」。另外還有澳洲人對民主香腸（Democracy Sausage）的詭異執著。❷

二〇一六年秋天有人發起了一項活動，要求從《牛津英語詞典》中刪除「艾塞克斯女孩」（Essex Girl）一詞[10]（艾塞克斯是倫敦郊外的一個郡，過去幾十年來，在媒體上出現的文化名聲不是很俗氣、就是很虛華：有點像是英國版的《澤西海灘》❸文化）。令這次活動幕後策畫者感到不滿的是，字典中將 *Essex Girl* 定義為「不聰明、濫交和唯物主義等特徵」的年輕女子，具有貶損之意，嚴重影響到艾塞克斯郡的形象，因此有必要從所謂的「英語權威記錄」中刪除。字典發言人在拒絕這項請求時解釋，這是一部歷史詞典，因此不會刪除任何內容。《牛津英語

---

❷ 澳洲大選時，投票所旁會有很多烤香腸攤，賣的香腸稱為「民主香腸」，後來延伸出各種五花八門的攤販，甚至還有地區募款活動，行之有年已為澳洲大選的傳統。

❸ 美劇 *Jersey Shore*《澤西海灘》，又譯《玩咖日記》為美國知名的真人實境秀，內容為八位男女某個夏天到紐澤西海岸打工、跑趴、玩樂的故事。

詞典》的主要目的，就是描述人們使用的語言，因而成為時代變遷中顯著流行趨勢和關注事件的目錄[11]。

「年度代表詞彙」的傳統，是字典見證時代發展的一種引人注意的方式。這項傳統在一九七〇年代由德國年度詞彙開創先例，在過去幾十年也流傳到其他語言。最近幾年，隨著社群媒體的興起，以及媒體執著於列表、排名和評價一切，年度詞彙變得越來越流行。二〇一五年，也就是這小節故事開始的前一年，《牛津英語詞典》有史以來首次選擇了「圖形文字」，亦即「笑到流淚😂」的表情符號，做為年度代表字。但是到了二〇一六年，文字語言又重回流行。

在英語中，有一系列相互競爭的「年度代表詞彙」，因為各大詞典都有自家的選擇。當中許多詞彙都反映出二〇一六年明顯的反烏托邦感。例如，《劍橋詞典》之所以選擇「偏執狂」（paranoid），是因為這個單字在數據庫中的搜索量增加了四倍。據其總監表示，這明確顯示人們「比過去更缺乏信任感，而且世界感覺比前一年更加不確定」[12]。同時，Dictionary.com選出的「仇外心理」（xenophobia）也是另一個突然引起人們關注的詞彙，用戶搜索明顯在六月二十四日達到頂峰，也就是英國脫歐公投後的第二天，Dictionary.com的網站流量增加了九三八％[13]。

《韋氏詞典》（*Merriam-Webster*）在十二月初試圖阻止這種悲觀情緒，當「法西斯主義」（fascism）可能成爲自家線上民調的贏家時，他們在推特上懇求讀者支持其他詞彙[14]。這個策略似乎奏效了，最後，「超現實」（surreal）被選為最佳年度代表字，在這一年中，一次又一次發生令人難以置信的事件[15]。

同時，《柯林斯英語詞典》（*Collins*）選擇了「英國脫歐」（Brexit）[16]為代表字：其發言人認為，*Brexit*在政治論述中變得像「水門事件」一樣，充滿變化和影響力[17]。正如後者在政治醜聞爆發時衍生了數百個混合詞一樣，英國脫歐也出現了*Bremain*（留歐，Britain＋remain）、*Bremorse*（悔脫歐，Britain＋remorse）和*Brexistential*（脫歐存在的，Britain＋existential，為形容詞，後方接名詞），以及無數個牽強的雙關語。這個詞的形式也開始被運用在其他政治分歧上。事實上，英國脫歐系列詞彙幾乎在澳洲勝出，Ausexit入圍二〇一六年候選名單（意指澳洲與英國君主制或聯合國斷絕關係），最後《澳大利亞國家詞典》（*the Australian National Dictionary*）選出了更獨特的「民主香腸」一詞，代表該國在選舉日吃烤香腸的傳統[18]。

世界各地都出現了類似的擔憂狀況。在法國，選出的年度代表字是「難民」（réfugiés）[19]。瑞士德語人士選擇了「同溫層」（Filterblase）[20]，意指社群媒體造成日益分化的政治社群。同樣在瑞士，聾人協會首次選出年度手語代表字。也許不難預料，他們選出的手語是「川普」，將手掌張開放在頭頂上，模仿這位總統獨特的髮型[21]。川普的頭髮也在日本當年選擇中占一席之地，日本通常會選出一個漢字，而二〇一六年的代表字是「金」[22]，表達許多不同的話題：日本在那一年的里約奧運會上囊括的金牌數、經濟上的利率波動、YouTube風靡一時的古坂大魔王（Piko Taro，主唱Pen-Pineapple-Apple-Pen短曲爆紅的歌手）所穿的金色襯衫、以及川普頭髮的顏色。

再來則是奧地利選出長達五十一個字母的代表字，即「*Bundespräsidentenstichwahlwiederholungsverschiebung*」，意指「一再延遲對聯邦總統的決選投票」[23]。這是說奧地利總統大選七個月的投票期、法律挑戰和拖延，又是一個挑動極端民族主義情緒的實例，也暴露出民主複雜的本質❹。

最後讓我們來看看《牛津英語詞典》。繼二〇一五年選擇用表情符號預言後語言時代之後，他們在二〇一六年選擇了「後真相」[24]。其他機構也紛紛仿效，例如德國選擇具有相同含義的*postfaktisch*[25]。「後真相」也贏得美國方言協會的「年度政治詞彙」，但在一般類別中輸給了「*dumpster fire*」（垃圾箱失火），這個詞被定義為「極度災難或混亂的局勢」[26]。

想要通盤了解，德國「年度反詞彙」的冠軍得主也值得關注。

---

❹ 奧地利憲法賦予總統任命聯邦內閣的權力，但政府由議會多數黨推舉，總統並無多大實權。根據憲法，在總統選舉第一輪投票中，候選人若未獲得 50% 以上的選票，則須進行第二輪投票。

不滿足僅限於「年度代表詞彙」這個傳統，德國學者也選出具有代表性的「惡詞」（unwort），亦即被公認為近代歷史最令人反感的單字或詞語[27]。同樣的，這些詞彙和語言與政治之間關係密切，在英語系國家通常都有直接對應詞彙。最近獲選的代表字包括*Lügenpresse*，等同於納粹時代的「假新聞」，還有*Alternative Fakten*（另類事實），以及二〇一六年的*Volksverräter*（民族叛徒），這是納粹時代的另一個術語，被反移民右翼團體重新使用，並被審查小組選出，「因為它是典型獨裁統治留下的遺毒」[28]。

並不是每個人都有這種普遍悲觀的感覺。對某些人來說，這種陰鬱和無休止的呻吟，是媒體和學術界（知識菁英）的脫節徵兆。二〇一六年撇開名人死亡和民意調查危機不談，在醫學、平均壽命、和科學知識等重要領域都有顯著的進展。時事評論員布藍登．奧尼爾（Brendan O'Neill）表示，這是科學和政治上「顛覆性」的一年，但這些都是好事[29]。他寫道：「如果你要為二〇一六年哭泣，那應該是喜悅的淚水」，大概就像二〇一五年象徵性的表情符號一樣。

那麼，我們真的生活在對社會民主構成威脅的後真相時代嗎？還是關於後真相的討論，本身就是黨派之爭的一部分？只是操弄「對政治失望」的一種手段？主流媒體大肆炒作的焦慮感，借用媒體學者提姆．克魯克（Tim Crook）的話來說，是因為「主流新聞機構感受到危機」[30]？這一切是否只是想合理化本來就沒什麼理性可言的世界？川普和英國脫歐事件代表民粹主義的崛起，給這一年帶來戲劇性的變化，並使全球政治氛圍出現更大的轉變，這二者的雙重特徵與一切發展有何關聯？

第2章 以事實為出發點

想回答第一章中提出的問題，先明白我們所面對的議題核心，會有很大幫助。讓大家擔心不已的「後真相」究竟是什麼概念？為什麼對於了解當前社會狀況如此重要？後真相只是一種委婉表達「謊言」的方式嗎？如果是的話，為什麼我們要用一個新名詞來描述這種說謊行為呢？這和人類說話能力發展至今有什麼不同？

「事實」查核員是大壞蛋

本章要討論的主題，是歷經啟蒙運動以來三個世紀的科學努力後，為什麼我們還在為基於事實與證據推理的重要性爭論不休。同樣的，循證推理的懷疑，對於現代政治、自己文化和身分的敘事，有什麼影響。畢竟，說謊是一種表達虛構故事的形式，用想像的故事取代真實的事件。因此，也許政治論述中操弄敘事的趨勢，無意間導致了人們對真相的信任感崩潰？還是正好相反，社會邁向後真相時代，才促使操弄政治敘事成為流行趨勢？要回答上述任何一個問題，我們需要先從一些事實著手。

既然我們一開始討論了各大字典，不妨就從字典對「後真相」的定義出發。《牛津英語詞典》在宣布後真相為年度代表字時，提供了以下定義：**後真相指的情況是「客觀事實對於塑造公眾輿論的影響，遠不如訴諸情感和個人信念」**。牛津詞典的總裁加斯帕·格拉斯沃（Casper Grathwohl）寫道：「受到社群媒體崛起成為新聞主要來源，以及對權勢集團提供的事實日益不信任，在此推波助瀾一段時間下，後真相概念已找到了自身語言基礎[1]。後真相是現代媒體科技、反體制觀點和情感信念共同造成的後果。這種現象已經在社會上悄悄蔓延了一段時間，只是需要一個合適的術語來描述它。

然而，正如所有的詞彙一樣，這個名詞剛創造出來，人們就開始在探討後真相的「真正」含義，並爭論其用處、以及正確用法。這個詞很快被應用在所有與散布假訊息有關的現象、或刻意誤導他人的情況。然而，詞典中添加新詞的主要目的，是用來標記新事物或不同文化，納入以前未曾經歷過的事物。因此，「後真相」並非單純只是事實與謊言之間的模糊界限，或為什麼人們覺得二者難以界定的問題，而是與真相本身的言論修辭有很大的關係，如何透過訴諸主觀而非客觀事實（假設存在的話）來說服別人，以及這些說服策略如何在當今政治運作中發揮極大作用。

「年度代表詞彙」是關鍵詞概念的縮影，也就是以某些詞語（單字或名詞片語）來定義文化的關注點。早在一九七〇年代，文化評論家雷蒙德．威廉姆斯（Raymond Williams）就已率先使用關鍵詞做為分析當前社會問題的切入點[2]。在他的同名著作中，威廉姆斯追溯了當時學術界關注的一百多個詞語的歷史發展和時下用法，藉此拼湊出社會正在呈現的故事。關鍵詞概念是一種非常有用的技術，可以用來了解一個群體的思維模式，不僅揭示特定詞語如何被賦予特定意義，而這些詞語隨後也成為書寫當代歷史的基礎。

了解任何詞語含義的最佳方法，就是查看定義該詞語的典型事件。這些例子是從政治論述當中，源源不絕的輿論民意選取出來的，之後被媒體和時事評論員認為反映了當代思潮。

後真相思維最具代表性的例子之一，是英國政治家麥可．戈夫（Michael Gove）的評論，他在提不出任何表態支持英國脫歐的經濟學家名字時表示，「我們國家的人民已經受夠了專家」[3]。二〇〇八年的全球金融危機，幾乎使所有經濟專家都措手不及，自此之後，知識菁英的權威受到嚴重損害，不管怎麼說，人們永遠不會對詳細又基於實證的現象分析感到興奮。另外，還有脫歐陣營（Leave.EU）的聯合發起人亞倫．班克斯

（Arron Banks）解釋，「在脫歐公投中，留歐派的訴求以事實、事實、事實、事實、事實、事實為特色，根本行不通，你必須在情感上與人溝通。」[4] 惡名昭彰的劍橋分析公司（Cambridge Analytica）的高階主管馬克．特恩布爾（Mark Turnbull）也用幾乎一樣的話，提出同樣的論點。在第四頻道（*Channel 4*）針對該公司的臥底紀錄片調查中，他明確說道：「以事實為訴求來競選是沒有用的，因為一切攸關於情感。」[5]

還有前眾議院議長紐特．金瑞契（Newt Gingrich）在二〇一六年與一位記者爭論美國的犯罪率。儘管聯邦調查局（FBI）有明確證據顯示，全國的暴力犯罪下降，但金瑞契繼續辯稱，這並不是大多數民眾的經歷，人們現在「感覺」比以往任何時候更受威脅，他堅信這是另一個同等且有效的「事實」。他表示，如果事實不支持這一點，那麼，「做為政治人物，我會選擇關注人民的感受，你就去認同理論家吧。」[6] 正如政治經濟學家威廉．戴維斯（William Davies）指出：「如果人們『覺得』身處危險，跟他們保證現在很安全是起不了任何作用的。」[7] 如果專業知識與人們日常生活中的經驗相抵觸，不再絕對重要。

值得補充一點，在選民的行為與專業觀點之間，即使處於最佳狀況，也存在模糊的關係。稍後會看到，選舉政治中所有敘事的關鍵就是「改變」。在每個選舉週期之間，實施變革的一種象徵方式，就是透過投票，選出一個承諾改變或振興國家命運的新人。這方面，從過去從政經驗中，來獲得像美國總統職位的專門知識，其實價值有限。早在二〇一五年十一月，也就是美國總統大選的前一年，記者強納森．勞奇（**Jonathan Rauch**）在《大西洋》（*Atlantic*）的一篇文章中，解釋了所謂的總統選舉「十四年規則」[8]。這是演講作家約翰．麥康奈爾（John McConnell）首先注意到的模式，在美國有史以來，有志參選總統的參議員或州長，年資極限是十四年，超過期限的候選人，沒有當選成功的案例。勞奇在撰寫本文時，可能參選的兩位候選人是希拉蕊．柯林頓（Hillary Clinton）和傑伯．布希（Jeb Bush），二者年資都已經超過了十四年。正如勞奇所指出的，選民傾向選擇有一定程度經驗、但同時也能帶來新鮮感的人。他當時的預測是，這個規則不太可能因老練政治家當選而被打破，反倒可能被「毫無經驗的政治素人」所打破。我們現在知道，最後證明這個說法很有先見之明，不僅對美國是如此，對世界各國來說亦然。

現在回到我們的故事主軸。近年來「事實」不受歡迎，那些查核事實的人似乎也是如此。二〇一八年在紐約募款活動中，川普突然離題指向房間後面的記者群，嘆口氣表示：「他們會去檢查我所說的……嗯，他們是壞蛋。」[9]這種情緒也不是孤立的川普主義。例如，當臉書的事實查核服務於二〇一八年春季在巴西首次推出時，就引發了某些行業對審查制度和左翼偏見的指責，並導致社群媒體上一些事實查核員遭人身攻擊和侮辱[10]。因此，「事實」及支持者在某些地方都受到敵視的懷疑。或者，正如國家安全專家湯姆．尼科爾斯（Tom Nichols）所言，「我們已經發展到這種地步，對社會許多人來說，「無知」成了真正的美德，特別是與公共政策有關的任何事物。」[11]

然而，將問題看成事實（和事實審查者）與情感之間的對立，並不完全正確。後真相不僅意味著在政治辯論中，事實不像以前那樣受重視，同時也令人感覺事實不完全如聲稱的那樣。畢竟，到底什麼才是事實？我對世界的看法難道和你不一樣，有證據嗎？後真相世界並不僅是貶低了重視真理的價值，更質疑了真相的本質，造成了哲學家李．麥金泰爾（Lee McIntyre）所說的，漠視現實[12]，事實變成「服從」於政治價值觀，不管證據如何表明，政客都在推動他們對事件的看法。這是時勢所趨，對於某些評論員來說，我們現在正在見證「真相的死亡」[13]。

「另類事實」的語言

對此議題公開辯論的最佳範例，正是關於「另類事實」耐人尋味的理念爭辯，川普的總統任期就是爭議的開端。早在二〇一七年初，尚恩．史派瑟（Sean Spicer）聲稱，川普的就職典禮吸引了有史以來最大規模的人群，白宮發言人凱莉安．康威（Kellyanne Conway）就曾用這個惡名昭彰的詞彙，為她同事的說法辯護。康威在就職典禮兩天後接受《會見媒體》（*Meet the Press*）採訪時，被問及為什麼總統要派史派瑟來，針對人群的規模「編造出這種可輕易拆穿的謊言」。將這次活動與八年前巴拉克．歐巴馬（Barack Obama）的就職典禮進行比較，照片清楚地顯示二〇一七年吸引的人群明顯稀疏。那麼，當時擔任白宮新聞秘書、可憐的老史派瑟為什麼要向美國人民公然撒謊呢？

康威振振有辭地反駁，這根本不是謊言，史派瑟只不過是針對媒體關於群眾人數的偏頗說法，提供了「另類事實」[14]。當採訪記者查克．托德（Chuck Todd）提出質疑「另類事實並不是事實，而是虛假的謊言」，她只是簡單地重申她的主張，從此激起了一波認識論❶狂潮。

事實上，這句空話已經變成了後真相政治批評者的象徵，成為這個時代的另一個關鍵字，幾乎無可避免地出現在「年度代表詞彙」的選單中，也確實贏得了「普通英語基金會」（Plain English Foundation）二〇一七年的最差詞彙獎[15]。這個詞已經超出了原始脈絡，被用來指涉任何帶有過度政治色彩的事件。但最初出現的時空背景，值得我們沉思片刻。這與麥

❶ 認識論（Epistemology），是哲學探討的主題之一，分為兩種定義：一是探討知識起源、本質、限制及有效性的理論；一是視為知識的理論，系統的分析人們認識世界所運用的知識概念。

克爾．戈夫之前著名的評論，有著異曲同工之妙。正如戈夫將二〇〇八年後經濟專家聲譽受損一事，視為反專家情緒爆發的依據，康威也指出了，幾乎所有主流媒體在兩個月前，都對選舉結果做出了錯誤判斷，報紙和電視台透過民意調查所獲得的一切「科學」證據，最終都變得一文不值。她為自己的立場辯護時表示，「也許這是我的民意調查結果……，但我不認為你有任何方式可以證明這些數字。」

當然，這其中蘊藏着真理，不像乍聽之下那麼具挑釁意味。事實並非存在於真空中，而是被人選出、評估其重要性、不斷爭辯其意義，最終，事實的定義來自於上下文的呈現。

喜劇演員斯圖爾特．李（Stuart Lee）在二〇〇五年的脫口秀節目中開玩笑，嘲諷「事實可以用來證明一切」的藉口[16]。然而，在某種程度上，你還「真的」可以這麼做。就意義而言，事實永遠只是公式的一部分，跟選擇陳述哪些事實、以及如何解讀事實以支持自己的論點一樣重要。一則廣告聲稱八〇%的牙醫師都推薦某項產品，然後用小字體附註，該公司實際上總共只調查十名牙醫，這種廣告就是在利用事實來達成自己想要的目的。政治人物也是如此，挑選最有說服力的統計數據來證明主張的真實性，而這些事實只不過是整體敘事中的情節片段。

這種策略並不僅限於廣告和政治，科學界也致力於，證明調查樣本或研究假設所得出的結論充分合理，正因如此，科學不是靜止的，總是會出現更好、更準確的方法，完善所掌握的世界知識以及更新事實。正如語言人類學家尼克．恩菲爾德（Nick Enfield）所說，只有在解釋事實時，我們才能從事實中汲取意義。詮釋行為就是一種說故事的形式：「只有透過故事才能傳達事實，唯有如此，事實才能成為知識的一部分，進而推動科學進步的可能性。」[17]

此外，科學知識是人們在日常生活中研究實踐的結果，連同過程中面對的一切日常壓力、限制和行政體制。社會學家布魯諾．拉圖爾（Bruno Latour）和史蒂夫．伍爾加（Steve Woolgar）早在一九七九年就在《實驗室生活：科學事實的建構過程》（*Laboratory Life: The Construction of Scientific Facts*）一書中首次討論了這種影響，此後一直爭論不休[18]。拉圖爾和伍爾加認為，科學家不僅僅是「發現」事實，他們還會解釋並呈現事實。他們的任務是說服同事、資助機構和廣大公眾，研究發現的事實在科學上是合理且有意義的。換句話說，文字修辭即使在自然科學實踐中，也發揮一定的作用。

當然，這並不是說應該完全放棄穩定事實的想法，絕非如此，但這或許解釋了為什麼用非此即彼的嚴格態度探究真相，很容易受到反敘事的影響。

字典線上回擊

然而，對大多數人來說，「另類事實」的概念是徹底矛盾的修辭，成功顛覆了事實必然如此的想法。《韋氏詞典》對此點十分認同。為了回應康威的評論，也為了澄清問題，他們在推特上發布了自己對這個詞的定義：「事實是具有客觀現實的資訊呈現。」[19] 他們還帶點諷刺口吻觀察說道：「在當代用法中，『事實』通常被理解為實際存在的事物，」[20] 如果開始將事實應用在從未發生過的現象，那就是刻意濫用事實。

《韋氏詞典》已經習慣在線上回擊川普政府對語言漫不經心的態度。例如，當川普本人多次將 p o r e 一字拼寫錯誤時，字典很快為他提供說明。在墨菲定律的教科書範例中，人們應該注意「如果你寫了任何批評編輯或校對的內容，那你寫的內容必然存在某種缺陷」[21]。川普的原始推文如下：「我寫了這麼多暢銷書，對自己的寫作能力很自豪，大家應該要注意，『假新聞』總是喜歡 pour over（手沖）我的推文，尋找錯誤的地方。」[22] 對此，《韋氏詞典》發出區分同音異義字的教程推文，表示 pore over 是指「仔細閱讀、細心研究之意」，而 pour over 則是指「製作昂貴的手沖咖啡」，另外還偷酸一下川普的髮型，附帶解釋：comb over 是指「把一邊的頭髮梳過來遮掩禿頭之意」[23]。

麻煩的是，正如事實的含義不像人們最初認定的清楚明確，許多其他詞彙的含義也是如此，語言可以不斷地被扭曲和操縱。在這個特殊的案例，我們可以嘲諷康威如何明目張膽地操縱事物，然而，對詞語意義的爭議一直以來都是政治的核心部分。

正如《韋氏詞典》強調，語言的意義存在分歧時，通常第一步就是查閱字典，所有人都習慣「把字典說的奉為圭臬」，詞典學學者霍華德．傑克遜（Howard Jackson）寫道：「如果字典這麼說，那就是如此。」[24] 這種信念的問題在於，對字典實際功能的錯誤理解。儘管字典像《聖經》似的，是單一的標準版本，但事實顯然並非如此。《牛津英語詞典》可能自我標榜為「英語的權威記錄」（因此惹惱了艾塞克斯郡的女性同胞），但也還有其他詞典可以使用，事實上多得很，各家詞典的詞彙組合略有不同，詞語的定義也有些微差異。

詞典的運作方式，是盡可能地記錄下所有時期的傳統用法，像《牛津英語詞典》這種基於歷史原則的詞典，則是記錄語言在過去幾十年和幾十個世紀以來的變化。關鍵就在於語言不斷演變，詞語的含義也隨著人們的使用方式而改變，有時會出現一八〇度的大轉變。例如，在中古英語（約一三〇〇年），nice的意思是「愚蠢」、「傻」或「無知」，最初源自拉丁語nescius，意指「無知」或「不知」。在中世紀後期（約一四〇〇年）逐漸改變，先是變成指涉「挑剔的」或「過分講究的」行為，然後在近代早期（約一五八〇年）成為「精緻或高尚」的同義詞。到十八世紀中葉，則開始出現「合意的」

或「令人愉悅的」現代含義，因而完成了從「無知」到「合意」概念徹底翻轉的過程。

不僅僅是歷史變遷的過程顯著改變詞彙的意義，社會不同派系對詞語的解讀方式，也可能成為對立價值體系的爭論焦點。誠如雷蒙德．威廉姆斯所言，表面上我們可能講相同的語言，但是對各別詞語的用法往往大相徑庭，「尤其是爭議涉及強烈情感或重要觀點時」[25]。例如，「理論」（theory）一詞在科學領域的解讀[26]，對於某些人來說，理論代表對世界現象的廣義描述，是對世界實際情況的抽象解釋，是自然的事實。對另一些人來說，理論只不過是對世界如何運作的猜測，等於是承認我們實際上並不了解事物的真相，因此不得不提出可能的假設，聲明「這只是一種推測」（It's only a theory）。再次證明，同一詞彙可能意味著兩個幾乎矛盾的概念，而且還是在同一時期並存。

網路由於多元化和用戶的作者身分，使主觀意義成為焦點，已經有活躍的線上社群致力於記錄和討論詞彙，其中最著名的實例就是《城市詞典》（*Urban Dictionary*），這個論壇供不同社群的人添加自己不斷變化發展的詞彙定義，記錄下各式各樣不同類型的英語，其中大多數通常不會被傳統詞典收錄，正如其創始人亞倫．佩克漢姆（Aaron Peckham）指出的，「大部分的詞典都是客觀的……但《城市詞典》卻是完全主觀的，不是用來呈現事實，而是做為意見表達」[27]。詞語定義的意見導向性質，代表這個詞典可以成為明確的政治辯論舞臺。例如，以下兩則關於「歐巴馬健保計畫」

（Obamacare）的詞條，都是在歐巴馬總統任期內所寫的[28]：

- 由貧窮、愚蠢的新保守主義者發明的一個術語，將負面含義加在兩黨制的國會醫療保健計畫。
- 也稱為社會主義，為所有美國人提供廉價、鬼扯的醫療保健服務，是一項破壞醫療品質的計畫。

兩個「定義」都代表著人們對〈平價醫療法案〉（*Affordable Care Act*）普遍的信念，反映出這個詞彙在社會中的常見講法，以及彼此之間的對立觀點。

相互矛盾的事實

那麼，這一切與另類事實有什麼關聯呢？凱莉安．康威受訪《會見媒體》數月後，又接受了政治記者奧莉維亞．努齊（Olivia Nuzzi）的採訪，試圖解釋另類事實的含義實，指的是諸如「二加二等於四，三加一等於四；局部多雲，局部晴天；玻璃杯半滿，玻璃杯半空」這種概念，也就是說，對於任何特定事件，總是可以提供「附加事實和替代訊息」29。換句話說，每個故事總是有兩面性。這些事實，或詮釋事實的方式，始終被事實欲呈現的整體故事約束。

承認了這點，特別是語言扮演的角色，促使AllSides.com網站製作了一個詞語匯表，專門收錄那些經常引起爭議的詞語，這些詞語對不同觀點的人來說，永遠代表截然不同的意思。他們的目的，是為各種問題提供不同政治派別的觀點，大力主張：「如果我們不了解詞彙對他人代表的意義，就不會明白問題所在，也無法有效溝通」30。主要的概念是，如果我們沒有相同的價值觀或信仰，彼此就像講著不同的語言（馬鈴薯不同的發音po-tar-to/po-tai-to，隱含不同的意識形態）。例如，在「事實」一詞中，AllSides寫道，雖然對許多人來說，這是一般的常識，用來指涉實際存在的事物，而對於其他人來說，卻被拿來當成「某個人或社群試圖確立其不容置疑、無可辯駁之地位」的手段31。換言之，總是有可替代的事實選擇，任何爭論中對立雙方都會各自引用，因此事實本身對論述並沒有幫助。換句話說，人們的確可以利用事實來證明任何事情。

承認這種主觀性和多元性，並不代表語言意義是完全自由開放的，像《愛麗絲夢遊仙境》中的矮胖子❷所堅稱的，我們可以隨意讓詞語變成自己想要表達的意義。一般人通常辦不到，但如果一個人有足夠的影響力和權威，那麼很明顯，即使是最普通的詞，也有可能重塑其意義。例如，當臉書聲稱自家隨選影片服務「Watch」每天吸引七千五百萬瀏覽人次，就刻意擴展了「分鐘」的含義，才得出這個數字。正如新聞網站Axios解釋，臉書的統計數據，是根據一連串明顯獨特的定義[32]。「每日瀏覽人次」是指每天在網站上停留至少一分鐘的人，這是電視聯播網使用的標準，因此沒什麼爭議。但是，臉書與標準電視網絡測量方法的不同之處在於，在此過程中，他們重新界定了基本的時間單位，也就是構成一分鐘的六十秒不需要是連續的。

撇開這些狡猾的法律例外，儘管語言不斷發展、變化無窮，但大致還是有相當程度的穩定性。然而，上述觀點也確實指出，意義存在與他人的對話和談判之中，必須確保雙方都有相同的對話目標。意義取決於使用詞語的上下文，通常是依據人們自己想要的總體論述而塑造的語境。

關於「另類事實」的爭議，還有最後一點值得注意。凱莉安．康威在這次採訪成功完成的任務之一，就是將爭議的焦點從川普就職大典的觀禮人數，轉移到媒體如何報導這個事件。她拒絕接受廣播員有依據為前提的提問，反而挑起關於真相與相對性的爭論，因而將辯論主題轉變成質疑新聞業的可信度。換句話說，她改變了論述的焦點，成功突顯出，除了狹隘

❷ 矮胖子（Humpty Dumpty）為英國著名的童謠人物，他在《愛麗絲夢遊仙境》的續作《愛麗絲鏡中奇遇》當中，針對語意學和愛麗絲展開一連串爭論，堅持認為只要他想，詞語就該變成他想表達的意思。

的自身經驗之外，我們透過媒介了解世界，事實是透過報紙和電視間接得來的、是透過描述的語言間接得來的、是透過我們詮釋的故事間接得來的。在充滿媒介的生態中，務必要對我們所相信和不相信的事物，抱持健康的懷疑態度。或者，正如俄羅斯國家廣播公司RT（原名為《今日俄羅斯》）的企業格言，「質疑一切」。

由於後真相社會興起，這裡討論的許多引文已成為熱門話題。不管後真相社會帶來了什麼煩惱，川普時代頭幾年都已證明，這些精選短語已成為整齣戲劇最常被引用的經典對白。除了戈夫的「人們已經受夠了專家」和康威的「另類事實」之外，還有川普的律師魯迪．朱利安尼（Rudi Giuliani）說的「真相並非真相」（truth isn't truth）[33]也值得記上一筆。但這些人中最直接表露後真相心態的，也許是來自美國政治評論員絲科蒂．尼爾．休斯（Scottie Nell Hughes）。當時她試圖為川普毫無依據的指控（亦即二〇一六年大選中有數百萬人非法投票）所引發的爭議提出有趣的辯解，她說，「說事實就是事實的人，他們並不代表真正的事實……，現在每個人都有各自闡述『是事實』與『不是事實』的方式。遺憾的是，事實這種東西已經不復存在了。」[34]這種斷言讓人想起了尼采的格言：「沒有真相，只有詮釋。」[35]然而，儘管尼采的觀點，是我們認定的「真相」，必然與揭示事實者的影響力和科學證據有關聯。但絲科蒂．尼爾．休斯的說法，卻利用了這句格言，做為打擊那些不認同自身觀點者的合法性。

這些例子都揭示、象徵著對事實推理主導權的公然蔑視。然而，這真的代表當代文化潮流的重大轉變嗎？還是被刻意挑選出來，斷章取義、然後無休止地重複，做為辯論中攻擊對方的手段？又或者，引述這幾個例子本身也是在操縱事實？

任由激情擺佈

當然，許多關於後真相政治的討論，不見得是新的說法。某些詞語的穩定性是受到政治角力持續攻擊的現象、以及挑撥情感左右人民決策的影響力，二者都是思想史上長久存在的問題。追溯到西元前五世紀，歷史學家蘇西迪德斯（Thucydides）就寫到，語言與現實之間的關係，造成軍事衝突中首批傷亡者。他在《伯羅奔尼撒戰爭史》（*History of the Peloponnesian War*）中闡述，當權者在言論方面所享的自由，何以最終導致民主秩序崩潰的社會文化[36]。他寫道，那些當權者「顛覆了語言的評價力量，以配合自己的行動」。當人們開始操弄時事的語言時，便造成意義的普遍崩壞，進而縱容了攻擊和暴力行為，最終導致暴政。

蘇西迪德斯的許多評論，正好吻合當今政治現狀，他寫道「雙方的統治者……都用冠冕堂皇的話，一邊主張人人享有民主權利，一邊擁護保守的貴族」，這正如英國脫歐或川普公然抨擊政治體制的民粹主義。他寫道「分裂成對立的意識形態陣營，造成普遍大眾的不信任感」，幾乎適用任何社群媒體主導的政治形態。他斷言「誰能夠婉轉修飾令人反感的行爲，就能名聲遠揚」，這完全吻合康威、史派瑟和其他人的所做所為。

除了語言的攻擊之外，情感在決策中也扮演著重要角色，但似乎常常被忽略。亞倫·班克斯說，如果想要說服別人，就必須要「在情感上與他人連結」，他基本上是引用亞里斯多德的話（雖然他可能未必意識到這一點）。在蘇西迪德斯探討語言操作議題的一百多年後，亞里斯多德（Aristotle）在《修辭學》（*Art of Rhetoric*）一書中，寫下演說家掌握聽眾情緒的方法[37]。根據他的公式，有效說服力包括三個基本的要素。首先，**要有「邏輯」**（logos）**或純粹的論點**，包括整合事實，建立令人信服的合理案例。其次是**「人格」**（ethos），說話者的性格和地位。聽眾比較容易被自己所信任、喜歡、對主題有掌控權的人說服。最後，**要有「情感」**（pathos），即說話者和聽眾之間建立的情緒。亞里斯多德說：「充滿愛或恨的人，或那些憤怒和冷靜的人，對事情的看法似乎不同」。修辭的目的，是引導聽眾對眼前問題做出特定的判斷，因此，創造最可能引導他們做出判斷的條件，非常重要，諸如憤怒、憐憫和恐懼之類的情感，都是「使人們改變價值判斷的因素」。換句話說，激起憤怒、恐懼和怨恨的感覺，就能營造出一種更適合奪回控制權的戰鬥情緒。

幾世紀之後，蘇格蘭哲學家大衛．休姆（David Hume）也提出非常類似的主張，雖然他著重決策的本質，而不是說服力，但他也強調，情感總是存在於實踐推理的背後[38]。在二十世紀中葉的法西斯運動中，這些概念發揮了作用。一九五〇年代後期，作者阿道斯．赫胥黎（Aldous Huxley）回顧他最著名的小說《美麗新世界》（*Brave New World*）談論的主題[39]。這是他在一九三〇年代初期完成的作品，過了二十五年之後，他自問此刻的世界與當年描繪的遠景相去多遠？在一九三〇年代，他深信書中想像的情景，很有可能成為現實，他可以看到極權主義興起，以及獨裁者統治未來的跡象。二十五年後，他得出的結論是，世界正以比原先想像更快的速度走向這種未來。印證此說法最明顯的例子，就是納粹黨政權的崛起，尤其是他們成功操縱人民情感的方式。赫胥黎描述希特勒的宣傳方式時寫道，群眾的行為「不受知識和理性控制，而是被感覺和無意識的驅動力所決定的……要想成功，宣傳者必須學習如何操縱這些本能和情感」。接著，他明確指出希特勒在自傳《我的奮鬥》（*Mein Kampf*）中的一段話，掌握群眾的力量從來不是靠科學教育實現，而是透過激勵人的奉獻精神：「任何想贏得群眾的人，都必須掌握開啟他們心靈之門的鑰匙。」

這些論斷在最近的數十項心理學研究中已得到證實。在一九七〇年代，社會科學界的主流思想仍然是，人們在做出決策時通常是理性的，任何可能做出的錯誤判斷，都是思維過程受到情感蒙蔽的結果。心理學家丹尼爾．康納曼（Daniel Kahneman）和阿莫斯．特沃斯基（Amos Tversky）針對日常決策過程中的系統性錯誤，發表了深具影響的研究，大大改變這些假設，帶來當前的科學思維現狀，「就我們對直覺判斷和選擇的理解，情感現在的影響力比過去大得多」[40]。

我們仍然堅信所謂的啟蒙運動思想，認為人類是理性的動物。重要問題的決定，都是經過深思熟慮的結果。我們權衡事實、探究其後果、然後做出平衡而合理的決定，最後依此採取行動。然而，大多時候，情況並非如此，我們做決定時，反而是根據對問題的感覺，以及在政治背景下，此問題與身分認同、政治派別等更廣泛的概念有何關聯。理性只用來證明決策的合理性，這是一種修辭策略，用來鞏固已經做出的決策[41]。

如果構成後真相的核心要素在好幾世紀前（若非幾千年前）就已清楚闡明，為什麼現在又重新受到關注呢？如果說過去一直如此，在社會的動盪時期，當權者都會利用語言的靈活性、和人民的情緒反應來左右輿論，那麼對於當前的政治現狀，還有什麼更值得討論的嗎？當然，答案在於，當前局勢的獨特性展現在細節，不僅只在政治中操弄內在情感，也在手法的具體呈現、以及與現代文化發展趨勢相結合，因而造就我們現今所處的狀態。

第3章
通俗小說

當然，二〇一六年的重大事件不僅只是後真相政治。英國和美國兩個重大選舉衝擊，也被視為民粹主義政治抬頭的結果，被解讀為「一般選民」對「脫節菁英」的報復。這兩起事件恰好都是右翼民粹主義的勝利，但隨著傑瑞米．柯賓（Jeremy Corbyn）領導的工黨在英國復興，以及伯尼．桑德斯（Bernie Sanders）在爭取美國民主黨初選時，以些微差距敗給希拉蕊．柯林頓，民粹主義的思想和言論，在整個政治領域呈現更廣泛的上升趨勢，過去幾年中一直持續著。講述當代政治故事時，民粹主義也是整個脈絡很重要的一部分，政治人物越來越附和、或反對其價值觀和信念。更進一步說，民粹主義是現代政治的主要敘事之一，且建立在無比簡單的情節上。

民粹主義崛起

在二〇一八年末，《衛報》發表了一份研究，指出近年來民粹主義政黨備受歡迎的程度。報告顯示，到二〇一〇年代末，有四分之一的歐洲人投票支持民粹主義政客，二十年前只有七％[1]。在一九九〇年代後期，歐洲只有斯洛伐克和瑞士這兩個國家由民粹主義者執政。二十年後，這個數字已經增加到十一個，而這種發展不僅限於歐洲。在《衛報》報導的同時，民粹主義者也在美國、巴西、墨西哥和菲律賓執掌政權。正如政治學家卡斯·穆德（Cas Mudde）指出，這個詞在整個二十世紀很少被提及，如今逐漸成為二十一世紀的明確特徵之一[2]。

這一切都點出了一個問題，即後真相與民粹主義政治之間是否存在內在關聯。二者是否有共同的特點？如果一個出現了，另一個會伴隨而來嗎？或者前面討論的事件之所以同時出現，只不過是巧合，兩個不相關的現象恰好同時興起，又結合在同一候選人及其目標（至少在英國和美國如此）？

為了回答這些問題，我們首先以「利用民粹主義思想激發追隨者同情心」的政治敘事為例。二〇一七年夏天，美國全國步槍協會（National Rifle Association，以下簡稱NRA）播放了一系列宣傳影片，概述其目標和價值觀[3]。影片核心訊息是，NRA無意向那些「菁英」默默投降，宣稱他們正在「威脅著我們的生存」。在世界陷入困境的背景畫面中，暴徒對警察狂怒施暴、流氓砸毀商店櫥窗、犯罪分子縱火焚燒美國國旗，NRA發言人黛娜．洛許（Dana Loesch）警告說：「時代在燃燒，而這些媒體菁英正是搧風點火之人。」她特別將矛頭指向長期被視為自由派媒體菁英的代表《紐約時報》，宣稱「我們人民已經受夠了……你們的敘述、宣傳伎倆和假新聞。我們已經受夠了……拒絕承認你們認為讓現實生活變得脆弱不安的事實。我們受夠了你們妄斷是非，自認為是絕對真理或有事實根據的新聞報導。」

這個憤怒爆發的說明中，將迄今討論過的所有主要流行語聯繫在一起，同時又額外增添一些措辭，公開提及「真相」、「事實」和「敘事」，加上對社會「菁英」持強烈懷疑的態度，並喊出「我們人民」的正義口號。就政治詞彙而言，這幾乎是民粹主義與後真相的完美融合。

儘管，民粹主義和後真相政治很明顯不是同義詞，甚至並非必然以共生關係糾結在一起，但卻存在許多複雜的關係。二者之間交集重疊部分，主要圍繞「情感」這個概念。民粹主義將事情極度簡化，主要建立在一個情緒觀點上：權勢團體忽略了一般市井小民的需求和願望，特別是經濟、政治和文化機構，他們與一般人關注的事脫節、不了解人民的辛苦和掙扎，反而只顧著保護和強化自己的個人利益。換句話說，民粹主義一詞與對政治的情緒反應密切相關，尤其是一般民眾的憤怒、沮喪和背叛感。

按照這個公式，民粹主義主要是態度的展現，而不是內容。比方說，民粹主義並不像社會主義、自由主義或保守主義有特定意識形態。相反的，是觀察世界的一個基本框架，與另一套信念，通常稱為宿主意識形態，一起運行[4]。因此，會出現右翼和左翼的民粹主義者，儘管政治意圖截然不同，所用的措辭卻幾乎相同。例如，極右派的政黨包括匈牙利的青民盟（Fidesz）、瑞典民主黨、和德國的另類選擇黨（Alternative für Deutschland）等。另一方面，西班牙的我們能黨（Podemos）和希臘的激進左翼聯盟（Syriza）都是具有左翼宿主意識形態的民粹主義政黨，而義大利的五星運動（Five Star Movement）則是混合的意識形態。

這種意識形態的矛盾，對於理解不斷演變的政治生態，具有重要意義。在英國脫歐公投期間，擔任脫歐陣營競選總監的多明尼克．卡明斯（Dominic Cummings）明確擬訂民粹主義的選戰策略，使宣傳主軸既不偏右，也不偏左，而是基於一種截然不同的模式。他闡述的理由是，英國國會中的政治人物和媒體，或許執著於傳統的左右對立敘事，但並不能反映大多數人所經歷的政治現實[5]。在英國脫歐公投的背景下，使左、右派人士團結在一起的問題，與分裂他們的問題一樣多。

民粹主義的論述是環繞一個敘事主軸，如羅傑．伊特威爾（Roger Eatwell）和馬修．古德溫（Matthew Goodwin）所言：「把國家的文化和利益放在首位，並承諾為那些長期被冷漠腐敗的菁英忽略、甚至受到蔑視的人民發聲。」[6]民粹講述的故事就是這麼簡單，平民百姓正被圖謀私利的權勢集團利用，而民粹主義領袖則將帶領「市井小民」起而抗之。

有鑑於民粹主義強調態度，而不是內容，因此往往讓情感凌駕事實之上。民粹主義不一定像後真相政治那樣，質疑事實本身的概念，而是強烈地操弄著「我們對抗他們」這種紛擾的敘事，亦即，一般老百姓與傲慢菁英人士的對立。事實上，甚至還更進一步，形塑當權者不只是傲慢，也很狡猾、滿口謊言、欺騙以及道德普遍敗壞，引導人們強烈懷疑那些自以為是的「事實」仲裁者。因此，當麥可．戈夫否定經濟專家的價值時，他正引導選民的憤怒和失望，以此做為手段，駁回整個經濟學術界提出的不利觀點。利用民粹主義的敘述，他能夠利用某種偏見而不是證據，做為主要的說服策略。

民粹主義與情感之間還有另一個關鍵聯繫。對作家保羅．梅森（Paul Mason）來說，民粹主義的崛起絕，大多源於過去二十年對新自由主義政治議程的反動[7]。梅森表示，看待新自由主義的方式是，其政治決策過程完全沒有情感考量。按照自由市場資本主義的邏輯，運作一切事物，從大學到醫療保健系統，人類的基本需求和欲望，都排除在方程式以外。當工人、學生和病患逐漸被視為賺錢機器的飼料，諸如身分、安全性和抱負等概念，完全不在考慮範圍內。梅森認為，新自由主義的政治策略強調，將人視為統計數字的思維，而民粹主義就是由此衍生的強烈反彈，提供一種「情感敘事和鼓舞人心」的核心方案。

當然，民粹主義的政治本質，比起以上簡短的概述複雜得多。很多因素促成當今備受重視的地位，比起二〇一六年發生的事件要更早幾年，甚至幾十年，因此絕對不是新趨勢。同樣的，民粹主義的高調姿態不見得反映了社會的影響力，儘管某些地區的人日益感覺，社會的主要政治戰線正從傳統的左右對立轉移，很快將被體制派與反體制派的對立所取代[8]。然而，本書重點不是探討整體現象，而是民粹主義的政治風格，以及民粹主義政客用來說服選民的特定論述。在這方面，公式非常簡單，民粹主義本身就是一個簡明扼要的敘述，由三個非常簡單的基本要素構成，每個要素都有一個關鍵字代表。

民粹要素①「我們」庶民啊

第一個關鍵字是「人民」，他們是故事的主角，但實際上通常以民粹主義領袖做為人民的代表。如前所述，民粹主義的基本結構包括對權勢集團的強烈質疑，以及強烈尊重庶民。然而，庶民到底指哪些人？對於阿根廷政治理論家厄尼斯托．拉克勞（Ernesto Laclau）而言，事實上正是因為這個名詞難以界定，過於廣泛又不具體，使民粹主義成為一個強而有力的概念[9]。因為這詞彙具有靈活性，使政治人物得以將自己的政治意圖投射在其中。同時，詞彙也具有道德分量，幾乎可以支援有關民主發展的所有爭論，像是「人民已發出怒吼」。

民粹主義運動對「人民」的定義主要有兩種方式。第一是確定一種共同的文化和一套價值觀，把一群不同的人聯合起來，再將其轉化成一個有凝聚力的整體。第二則是與菁英階層形成鮮明對比。第一種方式的最佳案例，是民族主義民粹主義，亦即川普和大多數英國脫歐支持者所奉行的民粹主義品牌，宣揚國家公民所珍視的一系列象徵符號和價值觀，並將此視爲群體身分認同的重要元素。政治學家班尼迪克．安德森（Benedict Anderson）提出一個著名的描述：民族主義是「想像的共同體」（imagined community）形成的結果[10]。一個國家由數百萬人組成，其中大多數人永遠不會相見。就實際意義而言，這些人並不是一個社群，當然更不具有凝聚力。然而，儘管大家彼此可能不會有互動，但全都認同一個共同理念，也就是由政治家和媒體共同傳播的一套公共神話、符號和價值觀。因此，國家的團體意識是集體想像力的產物。雖然只是「虛構的想像」，卻具有強大的力量，畢竟，還是有人願意為祖國而戰，甚至為國犧牲，完全基於對這種共同文化的承諾。

英國脫歐公投進行關鍵投票的前一天，《太陽報》（*Sun*）刊登的封面頭條就是一個明顯例子，新聞標題對這個議題的立場毫無疑問，宣稱：「今天國會議員對脫歐議題進行投票之際，我們要對他們說：你可以選擇……大不列顛或是大叛國（Great Britain or Great Betrayal）。」[11] 反映出典型的民粹主義公式：「我們」代表人民的聲音，在此例中為報社，相對於「他們」所代表的政府機關。頭版的其餘版面拼貼著許多圖像，代表了大不列顛文化田園詩般的畫面。看起來像是波普藝術家彼得．布雷克（Peter Blake）拙劣的粉絲創作，有羊群在綠色田野間放牧、尼斯湖水怪伸長脖子望向地平線、國會大廈和溫莎城堡、迷你（Mini）汽車漫遊在鄉間小路、炸魚薯條店、倫敦碎片塔高高聳立在雲端，這些全部拼湊在一起，代表所謂的英國特色。當中每一個都象徵著國家認同的重要組成，創造出的故事說明，如果「我們」不從布魯塞爾的技術官僚手中奪回自己的主權，前途將岌岌可危。

當然，整件事有如精心策畫的小說。正如評論家們在社群媒體上指出的，這些英國身分的象徵，大部分都是移民或海外人士的產物或財產。迷你汽車是由希臘人亞歷克．伊西戈尼斯（Alec Issigonis）設計，於二〇〇〇年被寶馬收購；國會大廈目前正由美國承包商修復當中；碎片塔是由義大利建築師倫佐．皮亞諾（Renzo Piano）設計，並由卡達投資商擁有。溫莎城堡是由征服了大半個國家的諾曼公爵所建造的。當然，《太陽報》本身是由澳大利亞裔的美國公民擁有。換句話說，拼貼畫背後的事實細節不如總體故事重要，「我們」想要努力維護的所謂的英國特色，絕大多數都是虛構的，一如所有的民族文化。

這就是「人民」一詞的靈活性，通常取決於誰先利用修辭。例如，在英國脫歐運動期間，支持脫歐陣營的敘事充滿了民粹主義的比喻，在整個關於退出協議條款的爭論中，他們始終堅持這一點。但是隨著政治鬧劇延續，以及留歐派積極爭取二次公投，留歐派也選擇了民粹主義詞彙，此時開始訴求「人民投票」[12]。在最初的競選活動中，「留歐派」的論點圍繞在專家建議「對國家最有益」的觀點進行，而今「人民投票」的想法則將責任交還給全體人民。基本的論調沒有改變，留歐派仍然堅信脫歐整件事會造成經濟和社會上毀滅性的衝擊，但是語言卻有所改變。

第二種定義「人民」的方式是「否認」先前的定義。和所有精彩的童話故事一樣，主角都需要一個對手來協助定義身分。雖然「人民」一詞聽起來好像具有包容性，然而實際上卻恰恰相反[13]。那些不算是「真正人民」的人有兩種類型，一是外來人士，在民族主義民粹主義中通常是指移民，要不就是內部敵人，亦即虛構的「菁英分子」。

民粹要素②菁英知識階層

在西方當代政治背景下，幾乎所有使用「菁英」一詞，都會立即使討論趨向民粹主義情緒。許多詞彙都是如此，像是使用「主流媒體」和「國中之國」❶之類的詞，也很容易暗示與特定的權力運作掛勾。舉例來說，只要有人在談話中提及「國中之國」一詞，就能看出他們可能對政治抱持「陰謀論」觀點。這個詞彙已與陰謀論敘事密不可分，因此，光是用字就顯現了說話者與該敘事中暗藏的一致信念[14]。對於「菁英」一詞，立刻讓人聯想到民粹主義的論述。

誠如我們檢視過的許多詞彙一樣，要理解「菁英」的含義絕非易事。事實上，有時可能是完全矛盾的。例如，這是川普對菁英一詞的看法，當時他在明尼蘇達州的一次群眾集會上討論，他沉思說：「大家總是稱對方為菁英，他們憑什麼是菁英？我擁有比他們更好的公寓、我比他們更聰明、也比他們富有。我當了總統，而他們沒有。」[15]

這麼說也有幾分道理，如果理解「菁英」一詞，指的是社會一小部分的人，在生活品質、能力或特權方面被公認優於其他多數人。

❶ 國中之國（deep state）也譯深層政府、深層集團、暗黑勢力。意指由非經民選的權力人士所組成，為保護其既得利益，幕後實際操控國家的集團。

早在一九七〇年代中期，雷蒙德．威廉姆斯發表開創性的《關鍵詞》時，「菁英」正是他研究的詞彙之一。這個詞源起於十二世紀的法語elire，意指在不同的人或事物之間做出選擇、或選出某人擔任某職務。換句話說，菁英階層是指被選為擔任特定角色的人。由此，菁英逐漸發展出現代意義，即在社會當中，一小部分的人士擁有或操控大量財富、影響力或權力。正如威廉姆斯指出的絕妙諷刺，大家遺忘了這個詞的根源其實與民選官員有關。職業政客的懷疑，再次使民選官員不再具有精英主義思想[16]。

那麼，如今菁英一詞在政治辯論中，究竟如何使用？如何解釋川普在明尼蘇達州集會上苦思的難題？答案很簡單，字義會根據個人觀點而改變。對於左翼民粹主義者來說，菁英階層是那些累積經濟和政治權力的人：銀行家、媒體大亨、企業說客，其中大多數人都具有影響力和特權[17]。對於右翼民粹主義者來說，菁英是指文化或知識產業中的人：演員和電影製作人、新聞工作者、以及美國政治家喬治．華萊士（George Wallace）過去所謂的「尖頭知識分子，他們甚至連停放腳踏車都不會」[18]。根據保守主義者的觀念，這些群體自認有權塑造人們在社會中的言行舉止。透過這種方式，他們切割了神話般穩定和同質文化的「傳統」價值觀。

因此，在這兩種情況下，菁英一詞都具有類似的指示含義，也就是社會地位有巨大影響力的人。但是，這兩種政治觀點採取不同的整體敘事，以解釋世界的問題，而這些故事影響菁英主義的歸類方式。左派故事的固定版本是，一切都是無限制資本主義的錯，因此敵人就是那些管理或推動資本主義機制的人。對於右派人士來說，一切都源於對傳統穩定性的破壞，因此，將責任歸咎於那些塑造文化的人。

呈現這些矛盾觀點的一個實例，可見於二〇一八年十月在《泰晤士報》（*Times*）所刊登的一則廣告，當時正值呼籲第二次全民公投最高峰之際，廣告中「人民投票」的字樣上，被畫了刪除紅線，改成「失敗者的投票」，下方文字宣稱：「第二次全民公投的訴求，是菁英失敗者所提倡的騙局，他們無法接受與自己意見相左的民主結果。」[19]這一則廣告在社群媒體上瘋傳，正反兩面的意見都有。反駁人士包括「ＮＨＳ國民健保體系反對英國脫歐」的運動組織，他們反嗆：「ＮＨＳ的護士、牙醫、醫護人員、精神健康工作者、學生、搬運工、行政人員、醫療助理、助產士、藥劑師等人，什麼時候成了菁英階層？（提示：他們不是）。」[20]

某種意義而言，這與川普提出的問題完全相同。當人們明白在國家民粹主義背景下，「菁英」指的是在建制機構中擔任職務的人，如威廉．戴維斯所說的「其工作包括聲稱一些空洞、冷漠、而對一般人沒有用的觀點」[21]，菁英一詞的矛盾就得到了解釋。換句話說，這個概念中的菁英主義與擁有財富和影響力的人無關，而是和他們與體制權威有某種關聯。

問題是，我們已經走到了，「菁英」一詞幾乎可以用來包括任何不認同你觀點的人，這正是民粹主義政治的可怕之處，而運用菁英一詞通常表明發言者對政治對話沒什麼興趣，只想單純詆毀對手的意見。

民粹要素③替弱勢族群發聲

民粹主義公式的最後一個要素是「民意」。鑑於民粹主義領袖自稱是人民代表，他們成為表達民意的管道，要做到這一點，他們必須傾聽、體會和理解人民意願。因此，這個公式中的人民「聲音」和「民意」密不可分。民粹主義是建立在，賦予社會弱勢族群政治發言權的概念上，好讓民意得到傾聽，並付諸行動。事實上，這就是民粹主義故事的核心訴求。

因此，民意成為馬琳・勒龐（Marine Le Pen）和川普等民粹主義者競選的核心主軸，也就不足為奇了。在二〇一七年的法國總統大選中，勒龐透過承諾她將「為無聲者發聲」試圖拉攏年輕人的選票[22]。對於川普來說，這些人是他在旅途中遇到被解雇的工人、受到「可怕和不公平的」貿易協定影響的那些團體、「努力工作但不再有機會發聲的人們」，他對這些人發誓：「我就是你們的聲音！」[23]他首次向國會發表的總統演說中，繼續使用這種措辭，在宣布成立專門處理「移民犯罪」的新機構時，他宣稱這將是「讓那些受到我們媒體忽視、被特殊利益集團所壓制者」表達意見的管道[24]。他甚至倡議命名為「移民犯罪受害者辦公室」（Victims of Immigration Crime Engagement），或簡稱為VOICE（縮寫正是「發聲」，以下使用簡稱）。

這例子中，川普對這個詞的使用，不僅是民粹主義修辭的教科書範例，同時也點出這些關鍵詞語的爭議性質。為他的反移民政策選擇VOICE這個縮寫詞，等於是他將這項競選承諾，轉化成非常直白的政策，同時策略性吸納反抗者的語言。川普為那些被歷史和政治邊緣化的人民「發聲」，不僅是民粹主義運動的主要目標，也有利於發展後殖民研究[25]。這是挑戰社會根深蒂固的不平等，及其出現在法律等機構中的一種批判方式。這個詞經常使用在諸如美國之音（America's Voice）這類的倡導組織中，宣揚的使命是「利用美國聲音和美國價值觀的力量來推動政策改革，以保障移民及其家庭享有充分的勞動、公民和政治權利」[26]。

另一方面，川普倡議的VOICE有進一步污名化移民社區的效果，將移民經歷與犯罪傾向直接連結在一起，雖然有些研究顯示，移民人士比起在美國出生的人，犯罪可能性更低[27]。然而，根據川普政府的零容忍邏輯，諸如此類的統計數據根本不重要了。

正如川普的前副助理賽巴斯蒂安．戈爾卡（Sebastian Gorka）為該計畫辯護時說，主要針對那些「非法進入美國」的人。戈爾卡更將這個問題界定為美國身分的本質，他強調說：「如果你反對政策背後的原則……你就是贊成痛苦、贊成悲劇、也贊成混亂，那是反美的行為。」28

在這種情況下，「聲音」一詞的使用絕不像發展研究中那樣具有包容性。反之，刻意為川普領導的美國合法公民劃分界線，按照本土主義的路線來定義「人民」。因此，川普的觀點乍看像是為被剝奪權利者提供發言權，而他本人也大聲疾呼支持弱勢者，與他們站在一起，對抗近年來使他們被邊緣化的政治傳統，但他這麼做的目的，是讓公民權遭剝奪的不同群體相互對立。他會為這些不同的群體分配角色（一邊是主角，另一邊是對立者），並依其政治意圖操弄說故事技巧，塑造他們日常生活中的現實。

民粹主義政客透過將民意與領導人的行動混為一談，創造了一種直截了當的修辭策略，不僅可以轉移批評焦點，而且在抨擊之下更加茁壯成長。每當遭到對手批評時，都可以重新建構成對手其實是在批評他們的支持者。同樣的，對政策所提出的任何批評，也都被重新界定成違背民意。利用這兩個簡單的步驟，可以產生持續的「背叛敘事」，進一步激怒選民對政治體制的反對。

前幾章的論點是，我們對世界的認識，可能建立在事實和證據的結合，但事實只有置於語境之中才有意義，而這種上下文情境總是圍繞著故事的構成。我們用來描述世界的文字，以及從這些故事中汲取意義，經常成為政治鬥爭之間的場域。那些被證明是最具說服力的故事，形塑我們的生活文化。過去幾年中，民粹主義已簡單變成下面這樣的故事：**講述人民與菁英階層爭奪權力**。這個故事讓人民產生了嚴重的懷疑，直接動搖了民主體制的穩定性。

這是否意味著，了解敘事技巧有助於解釋政治運動的興起及成效？說故事為政治成功與否的藍圖嗎？為了回答這些問題，我們需要更深入研究說故事對政治的重要性，並從政治角度思考什麼才是有效的故事，以及政治故事的敘述及傳播要素。

第二部

塑造故事

第4章

解釋性新聞報導

政治娛樂化

談論說故事的結構和組成、敘事方式及其對政治論述造成的影響之前，首先應該探討說故事與政治之間更廣泛的關係。正如記者克里斯托弗．英格拉漢（Christopher Ingraham）近期所言：「對許多美國人來說，政治已成為另一種娛樂形式。」[1]這種現象絕不僅限於美國，過去幾年來，政治已然成為世界各國熱門的觀賞娛樂。然而，這不意外，政治與娛樂之間日益緊密的融合已經發生了一段時間，二者相輔相成、相互利用的多種形式，可以充分說明敘事對我們當前政治情勢的重要性。

英格拉漢指，媒體環境的變化，影響了人們消費政治新聞的方式。我們可以借用一九七〇年西德尼．盧梅特（Sidney Lumet）的電影名稱，將此現象稱之為「《電視台風雲》效應」（Network effect）。這是有線電視滾動式新聞報導帶來的結果，從事實報導到評論的轉變，導致新聞焦點從政策轉向名人。盧梅特電影的前提是，當新聞節目開始與娛樂節目在播放時段相互競爭時，二者的內容就會開始混合。任何追逐收視率的廣播環境，都會尋求衝突性和聳動煽情的內容，被迫妥協製造戲劇效果，對我們看待政治本身產生巨大的影響。然後，再加上近期社群媒體文化蓬勃發展，不斷更新的貼文訊息，造就了現在的政治娛樂化現象。

英格拉漢撰寫的是二〇一七年的政治，但是從許多方面來看，至今仍是如此。政治與娛樂之間、政治人物與演藝人員之間的共生關係，絕不是最近才發展的。畢竟早在一九六六年，準備競選加州州長的前好萊塢明星隆納．雷根（Ronald Reagan）就曾說過一句名言：「政治就像演藝事業。」[2]正如好萊塢電影製片人羅伯特．艾文斯（Robert Evans）所說，「只不過是二流的演藝事業。」[3]因此，二十和二十一世紀的政治史上，充斥著滿懷文學創作或演藝抱負、將受挫的創作理想轉向政治事業的領導者，也不足為奇。出於某種原因，這種趨勢在極權主義領導人中尤其明顯。作者兼新聞記者丹尼爾．卡爾德（Daniel Kalder）寫了一整本書，分析二十世紀獨裁者撰寫的文學作品[4]，評論家威爾·塞爾夫（Will Self）俏皮地將此書命名為「獨裁者文學」（dic lit）[5]。

其中最引人注目的，包括貝尼托·墨索里尼（Benito Mussolini）❶在二十六歲時寫的情色小說《紅衣主教的情婦》（*The Cardinal's Mistress*），當時他在社會主義色彩濃厚的《人民報》（*Il Popolo*）擔任助理編輯。再來則是法蘭西斯·佛朗哥（Francisco Franco）❷的《種族精神》（*Raza*），針對西班牙內戰改編的一部虛構作品，後來在一九四二年被正式拍成政治宣傳影片[6]。此外，薩達姆·海珊（Saddam Hussein）❸也是四部小說的作者，其中包括他最後的作品《惡魔，滾開》（*Begone, Demons*），據說是在美軍入侵伊拉克的前一天所完成的[7]。這股趨勢還延續至當今的專制獨裁領導人，土耳其總統雷傑普·塔伊普·艾爾多安（Recep TayyipErdoğan）早在一九七〇年代就曾自己創作、並自導自演一部名為《邪惡價值》（*Maskomya*）❹的戲劇[8]。

從表面上看，這些全是虛構作品，也相當於直白的政治寓

❶ 義大利政治人物，在 1925 年至 1943 年任義大利王國總理，任內實施法西斯主義，亦是第二次世界大戰中的重要人物。

❷ 西班牙前國家元首，在法西斯獨裁統治期間，以靈活外交維持國內和平與穩定、經濟繁榮。他也嚴格打擊異己，特別是親共產主義或社會主義人士，成功防止西班牙成為共產主義國家。

❸ 伊拉克前總統，是位獨裁者，於 2003 年伊拉克戰爭中逃亡，2006 年處絞刑，終年 69 歲。

❹ 此劇名為艾爾多安自創之詞，意指 Mas-Kom-Ya，代表共濟會、共產主義和猶太教。

言。例如，艾爾多安的《邪惡價值》有一個情節，詳細描述了共濟會、共產主義者和猶太人對全球社會的惡性影響，而薩達姆的《惡魔，滾開》則涉及基督教猶太復國主義的陰謀論，只有當英勇的阿拉伯軍隊入侵敵人領土、並摧毀兩座高塔時，陰謀才會停止。正如我所說的，象徵意義十分明顯。

當然，這類文學野心並不僅限於獨裁者，美國過去三位民主黨總統當中，就有兩位從白宮卸任後嘗試小說創作。首先是吉米·卡特（Jimmy Carter）於二〇〇三年推出的《馬蜂窩》（*The Hornet's Nest*），這是一部以美國獨立戰爭時期為背景的小說。十五年後，比爾·柯林頓（Bill Clinton）加入總統小說創作的行列，與暢銷書作家詹姆斯·帕特森（James Patterson）合著一部驚悚小說，名為《失蹤的總統》（*The President Is Missing*），書中描繪一個狡猾的網路犯罪分子威脅現代文明，以及一位虛構總統的英勇行為，他必須協調各種巧妙的對策來阻止這些威脅。

在這兩個例子中，一如獨裁者文學一樣，這些小說也明顯像是政治專題研究。評論家們一致認爲《馬蜂窩》雖然立意良好，但與其說是一部扣人心絃的敘事劇，不如說是對美國政治史的從容探索[9]。柯林頓的這部小說，創造出一位虛構總統近乎神話般的形象，這與現任總統拙劣、反覆無常的行為形成了鮮明的對比。

與美國領導人相比，英國首相的文學想像力就少了許多。截至二〇一九年，得回溯到十九世紀中葉的英國保守黨政治家班傑明·迪斯雷利（Benjamin Disraeli），才出現一位寫小說的首相。迪斯雷利創作了十幾部小說、一首史詩、以及一部以無韻詩體寫成的悲劇。他早期的作品屬於「銀叉」（silver fork）文類，就是專門描繪上流階層社會風氣的小說。隨著文學生涯的發展，他的作品變得明顯帶有政治色彩，致力於描繪工人階級的生活狀況、以及特權階級和弱勢群體之間懸殊的社會差距等問題。

自迪斯雷利以來的一百七十多年，首相級的小說創作經歷一段乾旱期。直到二〇一九年七月出任首相的鮑里斯·強森才終於解除旱象。強森於二〇〇四年創作了一部驚悚喜劇《七十二個處女》（*Seventy-Two Virgins*），講述一個恐怖分子的陰謀，這個陰謀卻被一個足智多謀、熱愛單車的保守黨議員驚險地避免了。強森在工作忙碌之餘，仍然努力保持文學創作，跟隨著父親史坦利（Stanley Johnson）的腳步，史坦利在一九八〇年初曾是歐洲議會議員，既是政治家，也是多產的小說家。當然，老強森從未被視為具有未來首相的資格，但是他一部小說值得在此一提，小說內容主題牽涉歐洲政治現狀，直到最近才引起英語文學作家約略的興趣。在英國脫歐前的時代，一些小說中描繪的歐盟，都是腐敗、堅如磐石的超級大國[10]。老強森一九八七年的小說《特派員》（*The Commissioner*）正是如此，講述一位勇敢的英國政治家，他必須面對遍布歐盟各大機構邪惡腐敗的故事。這是整個歐陸政治論述中，無比熟悉的情節範本。

除小說作家之外，還有不少演員出身的政治人物。當然，其中最引人注目的是隆納．雷根。另外還有菲律賓前總統約瑟夫．艾拉普．艾斯特拉達（Joseph Erap Estrada），他曾拍過一百多部電影。還有波蘭政壇的幕後操縱者列赫．卡臣斯基（Lech Kaczyński），他與其雙胞胎兄弟（也是波蘭前總統）雅洛斯瓦夫（Jarosław），他們倆在一九六〇年代成為童星（演出兩個可愛的雙胞胎頑童打算偷月亮的情節）。當然還有沃洛迪米爾．澤倫斯基（Volodymyr Zelensky），他曾在烏克蘭《人民公僕》（*Servant of the People*）電視喜劇中，飾演教師出身卻意外變成總統的角色。澤倫斯基在劇中扮演一位大聲疾呼反貪腐的非典型總統，變成實際的公開呼籲，最終成為真正的烏克蘭總統。

當然，近年來最受矚目藝人政治家就是唐納．川普。自從政以來，川普與娛樂圈的關係已經惡化。雖然，好萊塢和他可能在文化大戰中彼此對立，就像所有可敬的對手一樣，他們之間的共同點，遠比彼此願意承認的要多得多。川普不僅被稱為是第一位真人秀電視總統[11]，也曾參與演出電影《小鬼當家》（*Home Alone*），以及一系列電視連續劇，包括《新鮮王子妙事多》（*Fresh Prince of Bel-Air*）、《城市大贏家》（*Spin City*）、《慾望城市》（*Sex and the City*）和《美國極速誌》（*Top Gear USA*），以及在一九八九年一部愛情喜劇中的角色而獲得金酸莓獎，該作品講述一個鬼魂試圖穿透星界，以便再次與妻子交合[12]。他還有個令人尷尬的榮譽，是迄今唯一曾在隱晦的色情電影中客串演出的總統[13]。

川普並不是他的行政團隊中，唯一能夠吹噓古怪電影作品的成員。他的第一任白宮首席策略家和競選活動策畫者史蒂夫．班農（Steve Bannon），在娛樂界也有同樣特殊的背景。進入政壇前，班農曾在好萊塢待過一段時間，在一家專為電影拍攝計畫籌資的投資公司工作[14]。在此期間，他試圖執行一些奇怪的計畫，包括對莎士比亞的《血海殲仇記》（*Titus Andronicus*）❺進行色情、未來主義改編，納入以星際旅行和「外太空性愛」為特色的情節[15]；以及饒舌版的《科利奧蘭納斯》（*Coriolanus*）❻，場景設定在一九九二年洛杉磯暴動期間的美國中南部[16]。很不幸，這兩項拍攝計畫都沒有實現，因此，千禧年過後，班農從虛構的電影轉向紀錄片的製作。早在二〇一一年《華爾街日報》（*Wall Street Journal*）問到對他影響深遠的電影時，他列舉了各種的導演組合，包括創政治宣傳電影先河的猶太裔蘇聯導演謝爾蓋．愛森斯坦（Sergei Eisenstein）、號稱美國影壇的頭號憤青、拍攝知名紀錄片《華氏九一一》（*Fahrenheit 9/11*）的麥可．摩爾（Michael Moore）和希特勒的知己、納粹宣傳家蘭妮．萊芬斯坦（Leni Riefenstahl）[17]。

---

❺ 舊譯《泰特斯 安特洛尼克斯》為莎士比亞最血腥的作品，描述羅馬將軍安特洛尼克斯征戰哥特，俘虜女王塔摩拉後，在兩人及其子女間所引發的一系列復仇事件。

❻《科利奧蘭納斯》是莎士比亞的一部歷史悲劇作品，講述羅馬共和國的英雄「科利奧蘭納斯」被逐出羅馬的故事。

沒想到，不知不覺又繞回到獨裁者文學類型。丹尼爾．卡爾德在撰寫這篇文章時指出，在二十世紀，許多惡名昭彰獨裁者的成長歲月裡，寫作成了個人野心的想像力試煉：**他們可以藉此「將意識形態的幻想寫在紙上演練，期待有朝一日全民將任由他們擺佈」**[18]。從這個角度來看，政治與娛樂之間的關係並非偶然。政治可以視為一種說故事的形式，比起一般的小說或電影，素材更廣泛、內容更豐富。當然，最終能夠對世界局勢造成更深遠和直接的影響。

策略敘事

說故事能力的發展，是人類進化成功的關鍵因素之一[19]。當然，說話和語言文字也是一部分。但是，如果少了故事敘事，少了召喚和傳達幻想世界的能力，就不會有神靈或民族、法律制度或金錢的存在。這是絕對必要的力量，使我們得以想像各種複雜概念存活現實中，並在社群中共享，這不僅創造了社會，也為人生帶來有意義的文化。人類生存少了故事，文明本身也隨之消失[20]。

故事在生活中發揮許多不同的功能，首先，最重要的是提供娛樂。據國際會計師事務所普華永道（PwC）表示，到二〇二一年，娛樂和傳媒事業的營收將突破二·二兆美元[21]。換句話說，說故事賺了不少錢，雖然未必是寫故事的人賺走的。故事還有更多作用，誠如社會學家佛蘭西斯卡·波列塔（Francesca Polletta）指出的，說故事已經被當成一種策略，從獲得精神啟蒙、解決人際衝突到有效減肥等無所不包[22]。正因為策略敘事的流行，微軟現在有一個「首席故事長」（Chief Storyteller）負責公司的「形象和文化團隊」，亦即公關。美軍則使用由好萊塢編劇和軍事策略家共同創造的敘事影片遊戲，做為部隊的訓練演習[23]。

一般而言，故事提供易於理解經驗的方法，向我們展示行動的後果與意義。故事是處理和傳遞訊息的一種管道。例如，康納曼在他的《快思慢想》（*Thinking, Fast and Slow*）一書中，將決策心理學理論解釋成一個故事。該書的第一章名為「人物介紹」，並開宗明義表示「情節的摘要是有條理的」[24]。他解釋，這麼做的原因是，人類大腦「似乎具有特殊能力來建構和解釋關於主動行為者的故事，他們有個性、習慣和能力」。任何事物的教學，甚至是關於人類認知的抽象規範，透過故事敘述將更容易達成。

故事還能形成社區聯繫。我們擁有的群體身分認同感，都基於共同的故事交織在一起形成文化。我們利用故事相互溝通，反思個人的自我意識。當然，故事也是有效的說服工具。

因此，說故事對政治極為重要。作家兼普利茲獎得主阮越清（Viet Thanh Nguyen）說得很好，他寫道：「那些想要領導我們國家的人，必須憑藉說故事的能力來說服人民，講述一個關於我們的身分、過去和未來的故事。對於國家前途領導權的爭奪，也攸關誰的話語占上風、誰描繪的遠景能激發集體想像。」[25] 歐巴馬在第二任總統就職前夕，提出了幾乎完全相同的觀點：「執政者的本質是向美國人民講述一個故事，給他們一種團結、有目標和樂觀的感覺，尤其是在艱難時期」[26]。這是他覺得以前沒有及早領悟，因此在第二任期被視為重中之重的部分。甚至在卸任之後，總統的敘事仍在繼續，因為這些政治人物致力於，確保歷史接受的是他們的敘事版本[27]。

政治策略家馬克．麥金農（Mark McKinnon）認為，說故事是競選文宣團隊的運作核心。麥金農參與了喬治．布希（George W. Bush）二〇〇〇年和二〇〇四年的總統大選。在二〇〇〇年的競選活動中，他和團隊推動的敘事主軸，是讓布希代表柯林頓時代的道德與可靠的解毒劑，用布希一句詼諧的話總結，在柯林頓執政期間，他們會把「不再推卸責任」❼的標語從總統辦公室移到林肯臥室[28]。針對二〇〇四年大選，布希則是代表九一一後反恐戰爭時期堅

❼ 影射美國大選政治獻金疑案，柯林頓被控利用白宮林肯臥室招待捐款金主。

定的領導人[29]。麥金農指出，「選民被制定故事情節的候選人所吸引」。競選活動失敗，是因為雜亂無章的想法和分歧的資訊。獲勝的競選宣傳則是「創造了敘事架構，將一切聯繫在一起，形成有意義且連貫的事物」[30]。

這項準則並不限於西方政治。中國國家主席習近平也談到了「說故事是國際傳播的最佳形式」，可以提升中國在世界各地的形象。根據《人民日報》（*People's Daily*）的發行人說，「說故事的藝術自古以來，一直是中國乃至世界知名政治家和思想家的共同特點，這是習近平總書記領導風格的明顯特徵」[31]。憑著他對敘事藝術和力量的強烈執著，二〇一七年他出版了一部文集，名為《習近平講故事》。

在西方，從歷史上看，右派人士通常比左派更善於有效運用故事敘述來推銷自己的觀點。美國民主黨的約翰．凱瑞（John Kerry）在二〇〇四年總統大選輸給布希之後，比爾．柯林頓的前首席策略家詹姆斯．卡維爾（James Carville）哀嘆共和黨人很會創造故事，而我們卻只會列舉清單。他們說：「我將保護你免受德黑蘭恐怖分子和好萊塢同性戀者的危害，而我們說：我們追求潔淨的空氣、更好的學校、更多的醫療保健」[32]。

十年過去了，這仍然是民主黨人苦苦掙扎的事。因此，在二〇一四年的期中選舉表現不佳之後，民主黨全國委員會計畫成立一個「國家敘事專案」，致力於打造一個有目標和理想抱負的連貫故事，而不是單純列出政策構想的要點，「旨在提升能夠使民主黨團結的基本理念」，以傳達「更有力、更一致的訊息，並以有意義的方式吸引美國人民參與」[33]。很不幸的是，他們從來沒有真正按照計畫採取行動，因此將二〇一六年大選優勢拱手讓給了川普，和他多年自我吹捧的騙術經驗。

另一位深諳說故事，且在政治中占有一席之地的非典型政治人物，是法國總統艾曼紐．馬克宏（Emmanuel Macron）。不過馬克宏身上展現的，不是經過數十年真人實境節目的訓練成果，而是後結構主義哲學的堅實基礎。雖然這對法國人的刻板印象來說，有點太完美了。但是，在他的職業生涯初期，馬克宏曾與偉大的敘事理論家兼哲學家保羅．里科（Paul Ricoeur）共事一小段時間。當時他才二十二歲，還是學生，擔任里科的助理，在完成《記憶、歷史、遺忘》（*Memory, History, Forgetting*）的手稿編輯之前，還曾協助完成參考文獻和筆記檢查的文書工作。

法國媒體曾大肆報導里科的哲學影響了馬克宏的政治理念，特別針對他的中間主義路線、以及整合左右兩派思想的企圖心[34]。而里科關於敘事的想法也同樣重要。例如，里科有一個重要的箴言是，人們的自我意識應該都是從個人的「敘事身分」（narrative identity）來看，這種身分是由講述自己和彼此的故事建構而成[35]。馬克宏認為，這個觀點不只適用於個人，也適用於國家。在二〇一七年總統大選期間，他花了許多時間談論他對法國的宏觀遠景，與重塑法國整體政治結構，以反映現代國家故事的必要性[36]。但批評者卻認為，他在逃避具體的政策計畫，沉溺於溫和平淡的廣告辭令。但是，正如巴黎政治學研究所的教授奧利維爾．杜哈默（Olivier Duhamel）指出，這完全符合里科所強調的「敘事的必要性及其力量……因為唯有透過說故事，各種事件才得以看清、易於理解」。

不只各大政黨意識到敘事這樣政治工具的重要性，北約組織（NATO）旗下的策略傳播中心（StratCom），也將軍事策略概念的傳播部分，專門制定「針對不同受眾的敘事、主題和重要資訊」[37]。其主要理念是，從早期規畫一直到執行階段，都應該將「策略傳播」納入軍事行動和活動的核心[38]。這項承諾的前提，是軍事策略和策略敘事完全遵循相同的結構。唯一的區別是敘事涉及情感，而策略則不然。誠如策略傳播中心現任負責人馬克．萊蒂（Mark Laity）的解釋，敘事包含解釋事件與個人信念體系的關係，進而指明未來的行動方向：「敘事使人理解世界、根據經驗將事物放在適當位置，然後告訴我們該怎麼做」[39]。敘事是人類思想的組織框架。

對於電視製片人約翰．約克（John Yorke）、同時也是精彩的《走進森林：五幕劇組成的故事》（*Into the Woods: A Five-Act Journey into Story*）的作者來說，敘事與理解世界彼此之間的關係，足以解釋為何我們深受故事吸引。約克認為，我們看待世界的方式，牽涉到試圖對世界加諸某種秩序，而這種排序形式與敘事規則完全一樣。敘事不僅有助於理解事物的意義，也是構成理解的實際機制。或者，誠如約克所言，說故事就是我們學習的法典。

我們可以見證故事在這方面的力量，而其中一種方法是，研究人類在努力理解世界正在發生、看似隨機和不可預測的事件時，如何本能地尋求現有的故事。

預測未來的小說

一九一七年秋天，作家阿道斯．赫胥黎在伊頓公學任教。前一年，他自願參軍，卻因為視力不佳而遭到拒絕。他的父母都是教育家，因此在學校工作似乎是很自然的選擇。在短暫的教學生涯中，他遇到一位十四歲名叫艾瑞克．布萊爾（Eric Blair）的學生[40]。

三十二年後，赫胥黎寫信給此時筆名為喬治．歐威爾（George Orwell）的布萊爾，祝賀他出版了《一九八四》這部小說[41]。在大力讚揚這部作品之後，赫胥黎語帶保留地表示，儘管《一九八四》的威力顯而易見，但赫胥黎認為自己的小說《美麗新世界》實際上更清楚勾勒社會未來的發展。這兩部小說都預言了未來的反烏托邦和在極權主義枷鎖下的人民生活。但是，對於歐威爾來說，國家控制是透過恐懼和暴力手段實現，對赫胥黎而言，則是透過分散注意力和空虛的娛樂。

哲學家雷蒙德．威廉姆斯回憶一九五〇年代：「走過每條路，你似乎都見到了歐威爾的身影在等待著……如果你參與任何一場社會主義爭論，那座極度膨脹的歐威爾雕像就會警告你回家去。」[42]同樣的魔力，以及決心利用他做為政治批評的檢驗標準，似乎在二十一世紀初再度重演。儘管自出版以來，歐威爾和赫胥黎的小說一直廣受歡迎，但在過去幾年中，人們對這兩部作品的興趣越來越高[43]。根據谷歌搜尋趨勢，在整個二〇一〇年，針對「喬治．歐威爾」的網路搜索幾乎持平不變，然而二〇一七年一月二十二日至二十八日這一週，搜索量突然激增。原因並不難查，川普總統就職之日是一月二十日，而凱莉安．康威則是在一月二十二日公然提出「另類事實」一詞。在康威發表評論之後，專欄作家瑪格麗特．沙利文（Margaret Sullivan）在《華盛頓郵報》上撰文指出，這件事證明了社會現在已經「全面走向歐威爾」[44]。

對於許多人來說，「另類事實」一詞令人聯想到歐威爾的「新語」（Newspeak），這是小說中集權政府用來控制人民思想的人工語言。新語創造出「戰爭就是和平」、「自由就是奴役」和「無知就是力量」等口號，就像是歐威爾之前的《動物農莊》（*Animal Farm*）豬舍群的政治宣傳員斯奎拉（Squealer）一樣，能夠做到「把黑的說成白的」。

雖然新語是虛構的，但至少有一部分的真實性，說明語言從來就不是意義完全穩定的語域、也總是容易被操縱。但是，把歐威爾的虛構語言和當今政治言論之間進行比對時，發現另一個有趣的觀點，人們似乎本能地轉向文學，想藉此了解世界上正在發生的一切。這是敘事與政治關係的另一個關鍵要素。文學故事以及其他形式的敘事文化，常常被利用來談論時事，其中某些故事隨之成為參照概念，人們藉此組織有關當今政治的辯論。比方說，近幾年來，除了赫胥黎和歐威爾的作品，諷刺藝術大師辛克萊．路易斯（Sinclair Lewis）的《不會發生在這裏》（*It Can't Happen Here*）❽又再次成為暢銷書，這要歸功川普的政治崛起，與本書有著詭異的相似之處。瑪格麗特．愛特伍（Margaret Atwood）的《侍女的故事》（*The Handmaid's Tale*）❾則成為政治抵抗運動的主要支柱。

為什麼會這樣呢？傑米．薩斯金德（Jamie Susskind）在《未來政治》（*Future Politics*）的探討中，提出了疑問：「如果想要了解二〇五〇年的世界，我們應該……依賴一九四九年虛構的小說創作嗎？」[45]（或者他也可以加上一九三二年、一九三五年或一九八五年）。小說如何闡明生

❽ 小說圍繞著總統大選以及新任總統就職後發生的事，是針對當時美國政治現象的諷刺，同時警示法西斯主義也可能發生在美國。

❾ 痛訴父權社會壓迫女性的反烏托邦小說。

活中所面臨的政治現實，無論是當前的，亦或是不久的將來？

簡單的答案也許基於一個事實，套用哲學家漢娜．鄂藍（Hannah Arendt）的話：「說故事可以揭示含義，而不會犯下定義錯誤的問題，為現實事物帶來了共識與和解。」[46]就像十六世紀伊麗莎白時代的詩人菲利普．西德尼爵士（Sir Philip Sidney）在《詩歌的辯護》（*Apology for Poetry*）中所指出的，詩人和說書者「能夠透過心靈力量產生一種想像，而哲學家賦予的，只是冗長的文字描述，無法像詩歌那樣觸動、穿透或掌握靈魂的視線」[47]。故事將世界變化的「抽象理論」轉變為「具體情景」、將「哲學反思」轉化為「生動體驗」。故事不僅可以深入理解眼睛所見的動態、還有造成的後果和情感影響。共享的故事將個人意識的私人領域，與政治的公共領域聯繫起來，為我們提供暫時脫離一連串現實事件的管道，得以更深入思考和理解這些事件。

這些特定的例子還有更明確的特色。值得注意的是，小說《一九八四》、《美麗新世界》、《不會發生在這裏》和《侍女的故事》，大多數的故事背景都設定在未來。他們是純理論的推測，如果政治在未來某個階段走錯了方向，人類生活會是什麼樣子？這些預測大多基於可見、令人擔憂的證據，看到當前的政治極有可能朝錯誤方向發展。換句話說，這些作品是作者的思想實驗，想探索如果我們選擇（或無意中允許）一種未來的發展，而犧牲另一種為代價，那麼社會將變得多麼可怕。

他們將小說解讀為隱喻的預言。在歐威爾的例子中，他想像一個特定的年份，離他寫作的時間並不遙遠。有人認為他的小說有點像是針對幾個世代之後的人生預測。事實證明，一九八〇年代並不如他想像的那麼慘淡。也許他只是數學算錯了、也許他應該將預測加倍提高，與其設定一九八四年為極權主義的未來，不如設定在二〇一九年。不管怎麼樣，對讀者都有一定的吸引力，能夠將現實的發展趨勢，與小說故事的世界預言進行對比。

《侍女的故事》也是如此。誠如記者珍．穆克林斯（Jane Mulkerrins）所言，這部作品的巨大成功，不管是小說還是翻拍的電視劇，都透過作品傳遞出「先見之明」[48]。故事設定在第二次美國內戰後的慘淡時期，一群婦女受到國家的性奴役，被迫為社會菁英生孩子，許多人認為，這個主題與二〇一〇年代後期，世界部分地區的政治發展有驚人的關聯。

然而，這些小說廣受歡迎，不僅因為預言了當代社會環境。正如赫胥黎寫給歐威爾的信中暗示，可以將小說視為教導指南，幫助我們了解經歷的事件本質和影響，書中揭示專制政權的策略和技術，以及允許這類事件發生的環境。如果歐威爾或愛特伍在某種程度上預言了現今的現實環境，或許也可以進一步說明當前的局勢將會如何發展。再瞬息萬變的世界裡，他們故事中精心設計的邏輯，使我們明白未來可能的前景。事實上，愛特伍稱她的小說為「反預言」。她在寫這本書時，並不是為了預測未來，因為未來根本無法有意義地預測。相反的，她認為「如果這個未來可以詳細描述，也許就不會發生現在這些事件」[49]。透過創造這些夢魘般的幻境，作者們希望人類能足夠理智，確保噩夢永遠不會成真。

好萊塢式外交

在二〇一八年秋天，自詡為「女性內衣和成人萬聖節服裝名店」的Yandy公司，以《侍女的故事》設計了一款假期系列的性感服裝，宣傳時隨即遭到一連串的負面惡評，在社群媒體上引起公憤，該公司立刻將商品下架並發表聲明，解釋說這套服裝的原意是「賦予婦女權力的一種表現」，但發布後卻發現內容很容易被誤認為是「女性受壓迫的象徵」[50]。不管這是錯誤的商業冒險，還是對賦權的天真想法，此事件都說明了《侍女的故事》的意象已經深植文化中。自二〇一七年電視首播以來，血紅色的長斗篷和僵硬白圓帽的形象，已經是當代不朽的政治詞彙之一，也成了政治示威活動中常用的反抗標誌，專門針對婦女人權問題的迷因主題[51]。之所以能發揮作用，是因為簡單又引人注目的形象，代表了小說敘事所交織出的一整套相關主題。

借鑒大家已知的現存故事，是人們相互溝通不可或缺的方法之一。有一些故事典故更成為日常語言詞彙的一部分。例如，當《華盛頓郵報》建立政客的「皮諾丘排名」（Pinocchio Ranking）時，我們清楚知道這是一份什麼樣的名單，因為大家都知道這是隱喻了卡洛·科洛迪（Carlo Collodi）的兒童文學，《木偶奇遇記》中那個老愛撒謊的木偶皮諾丘。這故事已經成為西方現代社會的神話之一，神話的暗喻成了表達複雜概念的語言速記。

然而，對於文學和電影作品的典故，不見得這麼老套。我們可以利用家喻戶曉的故事來論證政治觀點。像是在譬喻時，參照文化典故來解釋特定的情況或事件。國際關係領域最近就有一個例子，以《我的失憶女友》（*50 First Dates*）電影為主題，這是由茱兒·芭莉摩（Drew Barrymore）和亞當·山德勒（Adam Sandler）主演的美國浪漫喜劇。這部電影主題鮮明清晰：山德勒的角色遇上年輕貌美的芭莉摩並墜入愛河，卻發現她有短暫失憶的問題，第二天就會忘記他的一切。因此，他不得不一次又一次重新追求她，因而引發一連串好笑的誤會。這並不是傳統上認定的經典浪漫喜劇，但是伊朗外交部長在接受《紐約客》（*New Yorker*）採訪時表示，這部電影就像是與川普政府的外交現狀[52]。

這樣的文化參照，是表達明確觀點最簡單的方式，儘管參考作品本身沒有太多的政治意義。這個例子只是將電影情節中反覆出現的失憶症，類比川普團隊與人打交道時前後不一致的邏輯。這部電影的淺顯本質正是譬喻的一部分，川普及其團隊不值得更高層次的比喻。

亞當・山德勒或茱兒・芭莉摩不可能成為當今政治詞彙的常規特色。然而，現存故事的第二個用途，是小說作品中的人物、形象或詞語，被反覆用來表達政治論述的特定立場。《侍女的故事》正是如此，這個故事提供一種簡單又引人注目的方式，得以針對婦女權利提出各種觀點。

這種現象另一個顯著的例子是，在二〇一六年末去世的女演員嘉莉・費雪（Carrie Fisher），她飾演《星際大戰》（*Star Wars*）中莉亞公主（Princess Leia）的角色，成為反抗運動象徵。費雪在川普當選總統幾個月後、就職前幾週去世，就在川普就職後的第二天，全美數十萬民眾參加了各城市的婦女遊行，抗議他所代表的價值觀和政策。費雪的圖像，是遊行示威者採用最鮮明的象徵之一。誠如設計師海莉・吉爾摩（Hayley Gilmore）在《連線》的採訪中評論的，「嘉莉・費雪在《星際大戰》中飾演的莉亞公主，引起了許多女性的共鳴，因為她是一位強悍、聰明、迷人、又有影響力的女人……遊行者被莉亞吸引是有道理的，尤其是在她去世之後」[53]。

吉爾摩本人也以莉亞公主的角色為原型，他為此次活動製作了一張海報，被數十名遊行示威者採用。海報中的莉亞手持爆能槍（blaster），下方標語寫著「女性的地位來自反抗」（A Woman's Place Is In The Resistance），將各種不同的文化元素匯集在一起，以表達政治訴求。首先，重新改編了古諺語「女人的地位在家裡」（a woman's place is in the home），這種翻版明顯少了父權主義色彩。使用「反抗」一詞也使人回想起，基層群眾與獨裁政權對立的歷史事件中，包括二次世界大戰期間的法國抵抗運動、由印度聖雄甘地（Mahatma Gandhi）和黑人民權領袖馬丁·路德·金恩（Martin Luther King）分別領導的獨立和民權運動[54]。「反抗軍」也恰好是莉亞公主在《星際大戰》電影第三部曲中領導的反叛組織名稱。因此，現實生活中的政治運動正好利用民眾對《星際大戰》虛構世界的熱愛、以及由女強人率領反抗戰士擊敗專制邪惡帝國的故事。

在這種情形下，利用虛構作品的典故可以達到許多目的，不僅能使大眾立刻認清並了解問題所在，也迎合了大家對原著故事的愛好。透過與莉亞這樣的角色結盟，示威者等於認同她所代表的道德價值觀、及其故事所代表的英勇樂觀精神。

然而，很重要的一點，是各種政治派別都可以利用、共享這些文化詞彙，不是只有最符合原著敘述價值觀的人才可以用。比方說，如今你可能會看到右派人士援引歐威爾，尤其是抱怨他們認為明顯的政治正確、和管制人民言論的時候[55]。二〇一八年八月，時任英國外交大臣的鮑里斯．強森，將穿著傳統穆斯林長袍的婦女比喻成郵筒，激起了一場精心策畫的憤怒風暴，《每日郵報》（*The Daily Mail*）將他受到的批評描述為「令人髮指的歐威爾式」政治迫害[56]。當然，這裡的暗示並不是針對《一九八四》世界本身的複雜性，而是從整部小說價值體系中粗略選取、針對新語概念衍生的空洞版本。儘管如此，這種敘事仍然是一種獨特、也特別有效的政治捷徑。

同樣的，正如左派人士可以利用《星際大戰》的概念一樣，右派也可以。一九八三年，時任美國總統的隆納．雷根描繪蘇聯的行為是「邪惡帝國的侵略衝動」，影射蘇聯是《星際大戰》中的銀河帝國。數週之後，他提出成立太空導彈防禦系統，媒體立即稱其為「星際大戰計畫」，由於名稱太過響亮，導致雷根不得不澄清該計畫的目的，爭辯說「無關戰爭，而是為了和平……無關恐懼，而是希望，在這場爭鬥中，請容許我借用一句電影台詞，『願原力與我們同在』。」[57]

受到侮辱時，擁抱負面偶像在政治上也有好處。例如，當美國副總統迪克．錢尼（Dick Cheney）被問及是否反對自己被比喻成《星際大戰》中的大反派時，他斬釘截鐵地回答說不，他表示：「畢竟，達斯．維達（Darth Vader）是我最近聽過最好的恭維之一。」[58]他不僅不反對，甚至還大膽鼓吹這個想法：有幾次在政治場合利用達斯．維達的主題曲「帝國進行曲」做為開場音樂，據報導他有一年萬聖節，還將自家的黑色拉布拉多犬裝扮成達斯．維達[59]。

為什麼有人願意與故事中的反派角色有所牽扯呢？這麼做有何政治利益可圖？有幾種可能的解釋，首先是作品中的反派總是擁有強大的力量，這種力量雖然用於惡意和誤導的目的，但無可否認，他們成功以個人意志控制世界，做為一名政治家，與鐵腕統治能力相關，總比無能要好得多。正如史蒂夫．班農所言，「黑暗是美好的……迪克．錢尼、達斯．維達、撒旦，就是力量」[60]。還有一個事實是，在傳統的戲劇結構中，尤其是好萊塢所採用的，反派人物往往和英雄一樣引人注目。套用《星際大戰》導演喬治．盧卡斯（George Lucas）的話，「顯然，每個人都喜歡惡棍，更勝於英雄，這是一種傳統」[61]。正如下一章介紹的，主角和對手有著幾乎完全相同的戲劇性DNA。因此，將某人比喻成好萊塢經典的反派角色，一般人可能不會認為是尖銳批判或侮辱。

在政治中利用故事典故的最後一種方式，與其他略有不同，牽涉到對文學作品的回顧引用，做為證明或解釋事件或行為。一個有趣、或許讓人困惑的例子來自英國《每日郵報》前任編輯保羅．達克（Paul Dacre），他在退休數月之後寫的一篇報導。當時正值英國脫歐過程無休止的爭論高峰期，英國高等法院裁定，政府最終決定的任何協議都應送交議會表決。《每日郵報》做為堅定支持英國脫歐的報社，在編輯立場上對此表達強烈反對。他們認為司法部門正在干預本來僅由政府就可決定的問題。因此，達克在頭版頭條上報導此事，將有裁定權的三名法官稱為「人民公敵」。

「人民公敵」一詞的起源由來已久，從法國大革命期間的政治領袖羅伯斯皮耶（Robespierre）、俄羅斯革命的列寧，乃至於希特勒第三帝國的國民教育與宣傳部部長約瑟夫．戈培爾（Joseph Goebbels），每個人都用過「人民公敵」一詞[62]，這也是民粹主義修辭的經典伎倆。但是根據達克的說法，他文章的標題實際上是影射亨里克．易卜生（Henrik Ibsen）的同名戲劇[63]。

這個指涉很奇怪。這部一八八二年的戲劇，講述一個人揭露令人不安的社會事件，因此受到懲罰的故事，主要論點是，無論真相多不受歡迎，就算揭露後可能被貼上「人民公敵」的標籤，都必須要說出真相。這部戲劇表達了集體思想的危險，非關民粹主義鬥爭。一九五〇年代，在麥卡錫主義的高峰時期，亞瑟．米勒（Arthur Miller）寫出著名的英語改編作品，論及偏執妄想的氛圍如何造成社會巨大的災難。

對照本世代最重大事件擁有投票權的司法裁決，很難說跟上述的作品有何相符之處，達克引用文學典故可能是想提高頭條新聞的學術價值。換句話說，這與《我的失憶女友》的例子正好相反。伊朗的外交部長間接將亞當．山德勒不斷應付女友的失憶，比做與川普政府打交道的狀況，而達克則是將人民與體制之間的政治鬥爭，重新塑造成經典戲劇，並特別將自己寫的文章當成文化評論，一如易卜生之類的作家。

因此，說故事與政治有多種不同的關係。引用既有的故事為人們提供了共享的詞彙，得以討論、辯論政治思想。在某些情況下，故事可以做為解釋說明的工具，能夠了解目前所處的時代。多年來，政治人物和故事敘事手法之間，一直有著吸引力，許多政治人物明確強調說故事在政治中的必要性。然而，迄今所討論的內容，都尚未詳細解釋在政治情境下，故事敘事的操作方式。為了理解這一點，我們必須先研究何謂有效的故事。

第5章
精彩故事的特質

雷蒙德．威廉姆斯的《關鍵詞》計畫，在二〇一〇年由新一代學者進行了世紀更新。他們為修訂版本添加的新詞包括「敘事」，學者表示，在過去的二十年中，「敘事一詞的出現頻率急劇上升，尤其是諸如『改變敘事』和『控制敘事』等詞語，這在政治評論中已不可避免」[1]。「敘事」不僅是關鍵詞，也成了流行語，被無數機構和個人用來證明自身行動符合語言時代的精神。然而，很少人研究這些情境下的敘事要素是什麼？當政治敘事被運用在競選過程中、或做為政策或意識形態背後說服策略的一部分時，是怎麼呈現的？為什麼敘事成為了政治手段中不可或缺的一部分？

豐富的故事

說故事對人類文明的重要性，在塑造從認知到文化等一切事物上，都足以與語言相媲美，故事敘事與政治之間的關係，遠不止是一時流行的時髦術語。故事有多種用途，目的各不相同，也可採取各種不同的形式。最籠統的，是敘事可以塑造我們理解自身經驗、以及我們對世界的看法，將某些價值體系視為正常或自然的，進而促成社會和文化的意識形態。比方說，父權制的最高思想就蘊藏在亞當和夏娃的簡單故事中：上帝以自己的形象創造了男人，並讓女人成為男人的助手，進而鞏固整個猶太教／基督教文化。

在二十世紀後期，隨著後現代理論的興起，這種文化敘事的影響力不斷受到衝擊。法國哲學家尚-弗朗索瓦·李歐塔（Jean-François Lyotard）認為，後現代的特徵是強烈質疑傳統的「宏大敘事」、及其對文化造成的意識形態。他表示，我們正在見證一個相互競爭的敘事時代，各個敘事都是由不同社群所擁護、呈現不同的世界文化經歷[2]。世界的歷史不再被視為單一的線性年表，而是四分五裂、具有多重觀點的，社會各階層的人試圖為自己的故事發聲，因此也充滿了論戰和競爭。這並不代表宏大敘事已經失去所有影響力，在許多主流文化中，尤其是在傳播媒體，這些敘事仍然被重述和強化，在其他有關個人行動和志向的故事中，被視為理所當然的背景依據。

在日常的政治事務中，人們講述個人經歷的軼事，表達生活當中碰到的政治問題，並針對事件的後果提出見證，這些故事的形式都會略有不同，而每個故事都可用於不同的目的[3]。例如，政治學家茱蒂．阿特金斯（Judi Atkins）和艾倫．芬拉森（Alan Finlayson）研究了政治領導人如何利用個人軼事，特別是與「老百姓」相遇的經歷，以此做為政策成功的證據[4]。他們會講述在東北小市鎮或中部的住宅區所遇見的人，如三個孩子的平凡母親、生活困難的退休人士，親口表達他們最近碰上的麻煩，以及自己提倡的常識政策如何解決這些困難。在這些例子中，一般民眾的證言被政治人物用來證明所欲表達的普遍觀點。此外，正如阿特金斯和芬拉森所說，隨著民粹主義的興起，這類「現實生活」的軼事具有「特殊的公信力，可以驗證和合法化對世界及應有行動的主張」。來自平凡市井小民的一些家庭故事，和國家統計局的摘要報告相比，更具佐證說服力。

心理學家梅蘭妮．格林（Melanie Green）和提摩西．布洛克（Timothy Brock）的研究，揭示了為何這種說服策略在當今如此盛行[5]。他們發現，當人們使用敘事而非論證做為說服手段時，聽眾不會在意說話者的信譽或看法。反之，當說話者使用理性論證時，唯有人們覺得他們值得信賴或具有權威，才可能相信他們。人們更容易受到故事內容的影響，而不是被「自己對講述者的感覺」左右。格林和布洛克因此認為，「可信度低的消息來源或缺乏有力論據的演講者」可以利用敘事的優勢達到目的。這發現似乎完全被當今世界各國的領導人證實了。

當然，敘事做為一種辯論手法並不是新鮮事，至少可以追溯到亞里斯多德，他談到戲劇藝術對聽眾有宣洩作用，可以洗滌或淨化聽眾的強烈情感。正如格林和布洛克指出的，小說和電影等敘事類型有歷史悠久的審查制度，這證明了敘事可以有效影響人們對世界的看法。就像是，如果覺得書籍對人類行為沒有太大的影響，那又何必大費周章禁書呢？

如今普遍的想法是，故事比論證對聽眾的影響更直接。同樣的，這一點也已被研究證實。普林斯頓大學和紐約大學的神經科學家已經證明，人們在聽故事時所產生的大腦活動，不僅限於與語言相關的區域，還涉及與情感、感官和運動系統有關的區域，這代表聽眾不僅理解故事的內容，還實際體驗故事[6]。在心理上融入了故事情境的程度，是一系列平衡的主張、反訴和推論所辦不到的。因此，故事提供了一種更直觀的政治訊息傳達方式，利用的基礎正是日常體驗的戲劇化、加上集體文化願望。達成這個目標的方法之一就是利用文化原型。

電影《最後一擊》

詹姆斯．布拉多克（James Braddock）在一九三〇年代是一名拳擊好手。他在職業生涯的早期，雙手就出了問題，致使他輸掉一連串的拳擊比賽。在他為此痛苦掙扎的同時，經濟大蕭條席捲了美國。布拉多克被迫在碼頭工作維持生計，但這不足以養家糊口，他不得不申請政府的經濟援助。一九三〇年代中期，他開始捲土重來，在一九三五年達到高峰，與衛冕冠軍馬克斯．貝爾（Max Baer）爭奪世界重量級冠軍。之所以挑選布拉多克參賽，是認為以他在賽場上零碎的歷史，被打倒簡直易如反掌，賭場下注八比一，他是不被看好的一方。

作家達蒙．魯尼恩（Damon Runyon）認為，這場比賽創造了現代拳擊史上最令人跌破眼鏡的結果。魯尼恩寫道，這是「拳擊界童話故事」的完美實例，因為一度被擊倒的布拉多克收到「幸運之神的神奇魔杖讓他起死回生」，一舉擊敗衛冕者贏得冠軍[7]。魯尼恩延伸這個比喻，描述比賽如何進入高潮，「這位可憐的受虐英雄，將他落魄的南瓜變成了輝煌騰躍的白色駿馬，腳踩在幸福的玻璃鞋中」。

這部真人真事改編的電影叫 *The Cinderella Man*（灰姑娘男人），是魯尼恩幫布拉多克起的綽號，電影體現了窮困潦倒的當地拳擊手，搖身一變成為全球冠軍的經典童話故事。在大蕭條背景下，一位愛爾蘭移民之子，克服身體和經濟上的困難，成功創造體壇上最出人意表的結果，這是堅持不懈、努力奮鬥的勵志故事。

根據民俗學家詹姆斯．德伊奇（James Deutsch）的說法，灰姑娘的故事在美國有著特別強烈的共鳴[8]，因為故事的基本情節和美國夢完全相同，只要有毅力、自信心和勤奮工作，任何人都能有卓越的成就。當布拉多克的雕像於二〇一八年在他的家鄉揭幕時，當地拳擊館老闆說：「他的故事是當時愛爾蘭移民的代表，但也適用於現在的移民……努力奮鬥實現美國夢的故事普遍受到認同。」[9]

這裡的說明很簡單。所有故事都有一個結構，而這些基本結構一再重新出現。詹姆斯．布拉多克的故事，與灰姑娘的基本結構完全相同，因此成了他的綽號，而他的故事之所以在當時和現在引起巨大的共鳴，是因為這與構成美國夢的理想結構完全相同。童話故事與國民心態之間的相似處，交集了從貧窮到富裕的比喻。同時，灰姑娘的故事也體現了回報美德和懲罰邪惡。小姑娘／這傢伙贏了，靠的不是詭計和欺騙，而是堅持自己的原則。正如德伊奇所說，「你理應得到夢中的王子（或公主），就像美國理應得到顯赫地位一樣，多數美國人都如此堅信。」

這裡有兩個結論。首先，灰姑娘被視為政治故事，我們可以從政治競爭中，處於劣勢者的魅力看出這一點。在二〇〇九年的一項研究中，社會心理學家納達夫．戈德施米德（Nadav Goldschmied）和約瑟夫．范德羅（Joseph Vandello）研究了候選人相互競爭的方式，他們將自己定位為弱勢的一方，低估自己的機會，同時暗示對手享有不公平的優勢[10]。例如，在二〇〇八年的總統初選中，幾乎每位候選人都試圖選擇這一角色，歐巴馬堅稱自己是弱勢者，希拉蕊．柯林頓、魯迪．朱利安尼、約翰．麥凱恩（John McCain）也都是如此。故事的主要特色，是不被看好的局外人努力戰勝困難，例如，在歷史上（美國革命）、童話（當然是灰姑娘）、宗教（大衛和歌利亞）、體育（詹姆斯．布拉多克），而在政治領域則有民主黨的杜魯門（Harry Truman），他在一九四八年的美國總統大選中，出乎意料地戰勝湯瑪斯．杜威（Thomas Dewey），從親共和黨的《芝加哥每日論壇報》在民調封關前二天所刊登的頭條新聞可以反映這點，報上自信地刊登「杜威會擊敗杜魯門」。在戲劇中扮演弱勢角色將博得觀眾的同情，並讓他們為你的勝利歡呼。

以上是第一個結論。其次，了解故事如何運作的關鍵之一，就是了解故事的結構。

陷入困境的人

至今已有許多學者試圖提出一套公式，來解釋所有敘事的基本結構。俄羅斯的民俗學家弗拉基米爾．普羅普（Vladimir Propp）率先開拓這個領域的研究，考察數十個民間故事，以尋找共同的主題和結構，目的是找出所有民間故事是否都有類似的基本要素，以及如何發揮作用。最後，他列出一份「敘事要素」（narratemes），可以用各種不同的方式排料組合在一起，形成故事結構[11]。

儘管普羅普的作品僅著眼於俄羅斯民間故事，但幾乎適用於所有故事。他的主要論點是，故事由角色驅動：故事情節的產生，來自於角色做出的決定、他們所追求的行動。有少數幾個原型人物，而故事隨著這些人物所扮演的角色而展開。例如，每個戲劇故事都有一個讀者認同的核心人物或英雄，接受某種挑戰或旅程。此外，通常會有像「援助者」之類的角色，亦即協助英雄或一起探險的重要盟友。例如，仙女教母給了灰姑娘一雙玻璃鞋，再將南瓜變成了金色馬車。

普羅普的方法是識別原型人物、及所處的不同情境，並由此列出一張民間故事的基本構件清單。這概念有非常大的影響力，暗示所有虛構作品都有共同的基本結構，並可透過情節元素，編織成一個序列來創造敘事。

其他試圖找出所有人類故事關鍵結構的方法，則更直接地關注在情節模式上。正如文學理論家帕特里克·科爾姆·霍根（Patrick Colm Hogan）所說，這種方法基於一個觀點，亦即故事的結構源於少數原型[12]。當作者決定某個主題時，便會自動產生一個原型結構，像是愛情故事、英雄冒險之旅等等，然後給出故事的大致雛型、及所涉及的關鍵要素。

這種說法最有趣的版本，來自小說家寇特·馮內果（Kurt Vonnegut）[13]。在他的人類學碩士論文中，他旨在論證所有故事都有一個基本形狀，可以在紙上勾勒出來。這個概念不只出自於一個可愛的認知，「規畫」小說情節和「繪製」圖表數據，用的都是同一個英文動詞plotting這個字，用意是將科學原則運用於文學研究，希望藉此闡明世界各地共有敘事結構的基本原理。

馮內果的故事結構圖（圖表一）包括一個垂直軸（G－I），代表主人翁經歷的相對好運或厄運，而水平軸（B－E）則代表故事從開始到結尾的時間軸。例如，最常被傳誦的故事是馮內果所稱的「陷入困境的人」。圖表開始時，主人翁的運勢略高於平均水平，隨著災難接踵而至，運勢明顯走下坡，但隨著努力擺脫困境，直到故事結束時，主人翁的狀況比起最初要好一些。因此，該故事曲線像是一個巨大、略不平衡的U形，勾勒出運勢下滑、隨後又上揚的趨勢。

這個敘事弧線的概念聽起來很簡單，但確實是文化中最受歡迎的故事基礎。康乃爾大學最近的一項研究證實了馮內果分析的「科學」元素[14]。該研究利用數據科學法分析好萊塢電影受歡迎的趨勢，結果顯示，票房最成功的情感弧線正是上述的「陷入困境的人」，他們指出，「不計類型和製作成本，電影的票房收入都成功」。

馮內果總共確定了八種故事原型，除了「陷入困境的人」之外，還包括以下這些：

1 **陷入困境的人**：模型如上述，可以說是最廣受歡迎的類型。

2 **男孩遇見女孩**：主人翁找到自己心之所欲的對象，失去之後，又設法重新找回，而且這次決心好好珍惜。這故事幾乎是所有浪漫喜劇的結構。

3 **灰姑娘**：一開始情勢不順，但後來漸漸好轉。在圖表上顯示為對角線向上傾斜，但在故事中段隨事件發展一度陷入運勢低潮，最後以明顯的向上傾斜結束，典型的「從此幸福快樂」的結尾。

4 **每況愈下**：這個模式的一開始，運勢低於標準水平，然後逐漸惡化。馮內果以卡夫卡（FranzKafka）的《變形記》（*Metamorphosis*）為例，故事一開始主人翁過著乏味的生活，直到有一天早晨醒來發現自己變成一隻蟑螂，情況就變得更糟了。

5 **尋找出路**：這種故事模式中，會有各式各樣的事情發生，但是很難分辨是好是壞。

繪製在座標軸上的弧線，基本上是中間橫跨的一條水平直線。根據馮內果的說法，這就是生活本身的經歷，因此大多數現實主義敘事、以及諸如《哈姆雷特》（*Hamlet*）之類的存在主義戲劇，都是這種模式。

6 **創世紀故事**：人類從上帝那裡得到了一系列越來越正向的禮物。

7 **舊約聖經**：與創世紀故事相同，但人類接受了上帝的恩典之後，突然經歷殘酷的墮落。狄更斯（Charles John Huffam）的《遠大前程》（*Great Expectations*）❶這部小說就是一個例子。

8 **新約聖經**：與舊約故事的弧線完全相同，但結尾時又出現一個情節轉折，墮落之後重獲神恩，得到了永恆的救贖。

馮內果相信這種方法不僅僅只是娛樂消遣，他還注意到一件有趣的事情，「新約」與「灰姑娘」的弧線幾乎完全相同。情感弧線始於運勢急劇上升，然後在中間突然陷入險境，隨後逐漸恢復原狀，最終邁向永恆的幸福／與王子結婚。從結構來看，基督教的創始神話、經典的童話故事、與構成美國夢的理想之間，有著十分有趣的關係。

---

❶ 又譯《孤星血淚》，書中描述孤兒皮普從窮困到意外獲得一筆財富的人生故事，以及過程中他對金錢、生命和人性的看法。

還有其他研究嘗試建立分類法，以解釋不同類型的故事結構。十九世紀末期，法國作家喬治．波爾蒂（Georges Polti）盡其所能縮減到三十六種原型。同時，作家兼學者羅納德．托比亞斯（Ronald B. Tobias）分類出二十個主要情節[15]。編劇布萊克．斯奈德（Blake Snyder）也將故事結構簡化為十個基本情節[16]。最近，佛蒙特大學（University of Vermont）的研究人員分析了古騰堡計畫（Project Gutenberg）的一千多本小說，進一步了解故事語言如何反映不同的情感弧線[17]。除了陷入困境的人和灰姑娘之外，他們還發現另外幾種模式，包括所謂的**白手起家**（財富運勢及積極情緒逐漸上升）；**悲劇或家道中落**（財富運勢及積極情緒逐漸下降）；**伊卡洛斯**（先上升後下降）；**伊底帕**

圖表一　寇特．馮內果的八個原型情節

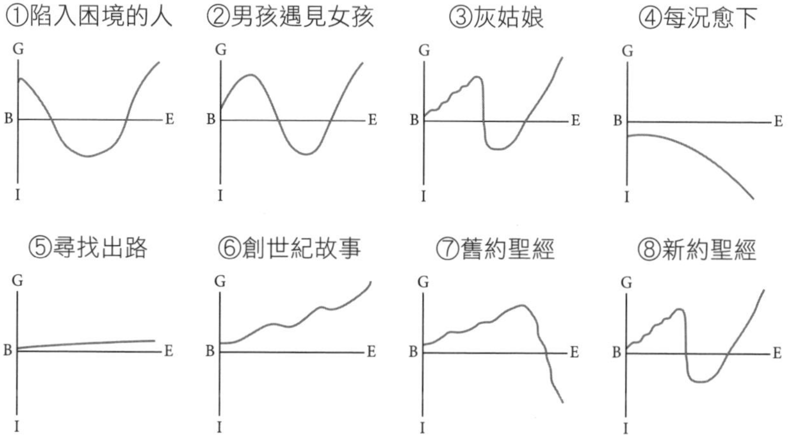

斯（先下降後上升，然後再次下降）。如果將這些轉換成馮內果式的圖形，最終將會得到一系列向下或向上的對角線、U形、倒U形、和截斷正弦波。

當然，將故事歸納成基本元素可能過度簡化。然而，正如馮內果觀察「灰姑娘」與「新約聖經」相似之處的說明，他不是指故事弧線很有趣，而是故事弧線可以看出結構相似之處及其關係，進而揭示敘事本質更深層的含義。

除此之外，克里斯托弗·布克（Christopher Booker）的《七個基本情節》（*The Seven Basic Plots*）中，也是近期最具影響力的分類系統之一[18]。在長達七百頁的書中，他分析所有的敘事藝術，包括小說、戲劇、歌劇和電影。當中重現和重新改造的基本模式，確定以下幾種原型：**探索旅程**，最著名的作品是荷馬（Homer）的《奧德賽》（*Odyssey*）和維吉爾（Virgil）的《埃涅阿斯紀》（*Aeneid*），也出現在《魔戒》（*Lord of the Rings*）和《法櫃奇兵》（*Raiders of the Lost Ark*）等故事中。還有**遠行與歸來**的故事，如《愛麗絲夢遊仙境》或《綠野仙蹤》（*Wizard of Oz*）。也有重生的故事，其中很好的例子是史古基在《聖誕頌歌》（*A Christmas Carol*）中的情感軌跡、或青蛙王子的童話故事；**喜劇**，以婚姻或類似的幸福情感為結尾；**悲劇**，以死亡或類似的災難為結尾。

然而，就政治敘事而言，最相關的是最後這兩個原型：**白手起家**和**戰勝惡魔**。白手起家基本上與馮內果提的「灰姑娘」概念相同，講述小女孩力爭上游的故事，她一開始困於壓迫的環境中，但憑著勇氣和好運，努力求生存，最後終於得到幸福的結局，就此成長為成熟的成年人。

第二個則是戰勝惡魔，故事始於一個社區受到某種邪惡勢力或怪獸的威脅，為解決這個問題，故事的主人翁（通常一開始在不情願和毫無準備的情況下）與惡魔對抗，他們投入戰鬥，克服各種相關挑戰，直到最終戰勝惡勢力，從此恢復社區的和平，同時，由於此次經驗，也學習到寶貴的道德和精神教訓。正如文學理論家帕特里克．科爾姆．霍根指出的，這類型的故事往往被視為定義社會身分認同（尤其是國家認同）的手段，因此與政治特別相關[19]。

馮內果分類法的關注焦點，和布克的略有不同。馮內果的故事結構幾乎集中在主人翁的情感弧線。圖表上的波浪形曲線旨在，追蹤英雄面對接二連三困境時經歷的情感起伏。正如佛蒙特大學的情感分析，不同模式的回報，是讀者或聽眾隨著主角情感起伏所產生的融入感。

反之，布克的分類則更著重於主人翁的行動模式，原型區分了不同情境，無論是旅程、探索還是戰鬥。儘管重點放在故事核心主角走過的軌跡，但結構也指向產生這種情感旅程的動態：朋友與敵人之間、追求者與被追求者之間、野心與現實之間的相互作用。正如本章內容所見，與政治相關的地方就在於此。

當然，情感融入對於布克的故事結構也很重要。正如帕特里克．科爾姆．霍根在敘事研究中證明的，各種故事類型的不同特點，都可以透過「參考特定情感特徵」來解釋[20]。例如，浪漫喜劇是關於一對情人的個人幸福，因此存在個人目標，而戰勝惡魔的故事則是關於恢復社區的幸福，因此有著比較社會化的目標。

為什麼敘事大多基於一小組原型系統，針對這個問題有各式各樣的假設，從進化論到精神分析論都有。例如，布克的方案綜合了心理學家佛洛伊德、貝特海姆（Bruno Bettelheim）等人的作品，特別是榮格（Carl Jung）的心理學原型理論，呈現全世界人們集體潛意識中所隱含的普遍模式和神話。然而，就目的而言，我們並不想探究為什麼，最重要的是，這些研究調查了成百上千個故事，都歸納出廣泛重複的模式。不管潛在原因是什麼，這些模式似乎根植於人類心理。也因此解釋了為什麼某些故事總比其他故事更能引起觀眾的共鳴，以及被政治利用來說服大眾的原因和手法。

暴民政治

為了說明故事原型如何轉化為真實的故事，以及如何辨別普遍存在於政治和文化的相似之處，讓我們再看兩個例子。除了以「灰姑娘」故事結構為根基的「美國夢」敘事之外，還有另外兩個決定性神話，對於形塑美國民族心理起著核心作用，也因此成為美國政治論述的重要支柱，一個是對壓迫政權（包括自己政府）的恐懼，另一個則是對暴民政治的恐懼。

這些觀念在文化中非常普遍，以至於成為數百部小說和電影中的重要主題。這裡以兩部經典電影為例：《星際大戰》和佛烈．辛尼曼（Fred Zinnemann）一九五二年拍攝的西部片《日正當中》（*High Noon*）。這裡簡單說明情節摘。《星際大戰》講述一位名叫路克天行者（Luke Skywalker）年輕農夫的故事，當他的叔叔和嬸嬸被帝國突擊隊屠殺之後，他與一群怪異同夥成行，試圖制止銀河帝國的暴政野心。這個故事的核心內容是打擊獨裁政權，即「邪惡帝國」與一小批反抗分子的英雄主義，他們對正義行動的堅定信念，使其得以克服一連串看似不可能的挑戰，進而恢復宇宙的道德秩序。

《日正當中》則是小鎮警長威爾．凱恩（Will Kane）的故事，電影一開始他就要退休了，與年輕的新娘葛麗絲．凱莉（Grace Kelly）開始新的生活。他在警長任期的最後一天，得知一個惡名昭彰的歹徒吆喝一幫同夥回到鎮上，一心只想尋仇。凱恩試圖找鎮上居民協助對抗威脅，但沒人敢援助。隨著對峙的時刻逼近，他的妻子催促他逃跑，但是凱恩拒絕，到了緊張而戲劇性的結尾時，他在塵土飛揚的大街上獨自面對敵人。

圖表二　《星際大戰》與《日正當中》故事結構對照

原型	社會	所受威脅	惡勢力
《星際大戰》	銀河系	死星的建造	達斯．維達及銀河帝國
《日正當中》	哈德利維爾小鎮	流氓幫派前來尋仇	法蘭克．米勒的幫派
原型	**英雄人物**	**對抗的惡勢力**	**達成任務**
《星際大戰》	路克天行者	對死星發動突襲	摧毀死星
《日正當中》	威爾·凱恩警長	正午時分槍戰	米勒斃命

《日正當中》的主題中心是無法無天造成的恐懼和混亂，以及道德觀念衰敗嚴重威脅社區的福祉。在某些方面與《星際大戰》截然不同，尤其是對統治權威的刻畫。在《日正當中》，危險來自那些目無法紀的人，而最終由國家代表恢復秩序。反之，在《星際大戰》中，片中的英雄正是反抗統治勢力的人。當然，在道德層面上，反抗聯盟的成員和蓋瑞．庫珀飾演的警長是站在同一邊的：《星際大戰》的統治權威是非法的，而《日正當中》的警長則是適當體制的權力化身。

從故事結構來看，這種相似性得到了證實，兩部典影講述著相同的故事，用布克的術語來說，二者都是「戰勝惡魔」情節的實例。我們可以簡單將這兩個角色和事件放入原型結構中（如上圖表二），藉此了解原型對應的模式：

補充說明，《星際大戰》也有「灰姑娘」故事的元素，因為內容講述一個孤兒的個人努力，最終得以超越平凡的起點，取得卓越成就。

因此，諸如「戰勝惡魔」之類的原型情節，就像是故事的線性語法結構，再用不同的角色、事件和行動來填充故事，將其轉化為具體的敘述。換句話說，原型故事的運作方式是，以特定模式組合了許多固定元素，像是主角、對手等等，為無數的故事提供了藍圖。

正如前文所提及的，我們可以在當代政治看到這兩個完全相同的故事縮影。例如，NRA影片中，針對政府管制人民槍枝的警告，正是利用《星際大戰》的基本結構，突顯邪惡國家與普通公民之間的衝突，前者濫用權力並踐踏上帝賦予的自由，後者試圖勇敢抵抗這種壓迫。這個基本情節融入美國的神話故事：從腐敗的英國帝國主義桎梏中掙脫出來的新興國家；一直受到東部精英威脅的西部拓荒者；以及各行各業中不斷受到國家集體思維牽制的個人主義英雄。

然而，儘管叛亂在這種故事結構中的出現，有的受到頌揚，有的卻令人恐懼。在二〇一八年美國中期選舉期間，共和黨人高呼「要工作機會，不要暴民」（Jobs Not Mobs）的口號，以此妖魔化所有人，從反法西斯主義的抗議者、到希望進入美國的中美洲移民[21]。所有這些不同的群體都被貼上無法無天的標籤，對美國傳統價值觀和社會穩定構成威脅。因此，在這個版本的故事當中，當權者可以將自己塑造成抵抗侵略的警長，而非威脅邊緣化社區基本自由的獨裁政權。這個基本情節同樣也是美國民間傳說的核心部分。政治評論家羅伯特·賴希（Robert Reich）統稱為「門外暴民」（Mob at the Gates）的故事，出現在有關拓荒者丹尼爾·布恩（Daniel Boone）與美洲印第安土著部落戰鬥的民間傳說；在美國民間英雄戴維·克羅基特（Davy Crockett）與墨西哥軍隊的衝突故事；以及在一九五〇年代的共產主義恐慌中[22]。

另外值得注意的是，同一政治團體可以同時援引這兩個神話。在前述的例子中，關於政府濫用權力和「非法移民」造成威脅的恐懼，都是來自美國右派政治勢力的操弄。儘管表面上看，這些故事可能有所不同、甚至是相互衝突的，但正如敘事原型所揭示的，其核心是建立在完全相同的結構上。

寓言與政治寓意

碰巧的是，列舉的這兩部電影，都有非常具體的政治言外之意，被編劇寫入故事結構中。《日正當中》的劇本是由卡爾·福爾曼（Carl Foreman）撰寫，當他在籌備這部電影時，正接受眾議院非美活動調查委員會（The House Un-American Activities

Committee）❷的調查，隨後因親共產主義傾向而被列入黑名單。在《日正當中：好萊塢黑名單和美國經典電影製作》（*High Noon: The Hollywood Blacklist and the Making of an American Classic*）一書中，格倫．佛蘭克爾（Glenn Frankel）解釋了福爾曼如何將這部電影視為好萊塢黑名單的公開寓言，尤其是關於電影製作界的共犯結構，及其未能採取集體對抗麥卡錫主義的立場。在劇本完成時，福爾曼遭到委員會傳喚，正如佛蘭克爾所引述的，突然之間「人生反映在藝術當中，而藝術也反映了人生」[23]。他的職業生涯受到惡勢力的威脅，但是當他向同事們求助時，大家都因害怕危及自身事業而不敢挺身而出，他說：「我成了蓋瑞．庫珀的角色」。因此，電影劇本成為講述英雄面對席捲社會的腐敗和復仇力量，堅守原則的故事。

雖然當時這部電影的核心前提是美國故事，亦即勇敢戰勝混亂失序力量的英雄故事，卻有截然不同的政治解讀方式。整體的詮釋取決於你對暴民政治的定義。因此，儘管美國總統德懷特．艾森豪（Dwight Eisenhower）和比爾．柯林頓等總統都很欣賞這部電影，但像好萊塢男星約翰．韋恩（John Wayne）這種極端保守主義者，也可以認為「這是我這輩子所見過最不像美國人的事情」。

❷ 1938 年創立時主要監察美國納粹地下活動。1945 年之後改為常設委員會，調查與共產主義活動有關的嫌疑個人、公共雇員和組織行為為主。

《星際大戰》也具有政治寓意，創作者喬治．盧卡斯在不同場合談到，尼克森政權和越戰對他早期塑造這部傳奇電影的情節，產生了重要影響[24]，也對一九七〇年代的美國造成衝擊，使他開始思考民主制度可能失敗的方式，而當腐敗得不到遏制時，民主制度會如何演變成獨裁統治。報導引述他的話說，他認為尼克森顛覆了參議院，而行事風格也日益傾向帝國主義，他正是《星際大戰》三部曲中第一部「邪惡帝國」最高領導人白卜庭皇帝的靈感泉源[25]。

二十年後，當星際大戰前傳三部曲發行時，政治戲劇人物的角色發生了變化，但對於民主狀態的普遍擔憂和警告依然存在。盧卡斯在二〇〇九年向《紐約時報》的莫琳．道得（Maureen Dowd）解釋說，他現在設想喬治．布希為達斯．維達，而迪克．錢尼則是皇帝[26]。他甚至直接從當代政治論述中提煉對話元素，用於電影之中，讓安納金．天行者（後來轉變為達斯．維達）告訴他的導師歐比王．肯諾比說：「如果你不站在我這一邊，那你就是我的敵人」，這是布希在伊拉克戰爭的醞釀階段，向國際社會提出的操縱性主張[27]。

有興趣的讀者不妨參考Conservapedia網站，此網站旨在對抗維基百科中所謂的自由主義偏見，列出了盧卡斯在電影中編排「自由主義」訊息的許多方式，其中包括對軍事和資本主義的負面描寫（首部曲和二部曲中有貿易聯邦引起的諸多衝突），以及一些配角命名的深奧典故，例如，邪惡的紐特．岡雷（Nute Gunray）的名字，是當時參議院多數黨領袖紐特．金瑞契（Newt Gingrich）的諧音。

值得注意的是，這裡的政治寓意，與我在上一節提到的實例中，對壓迫政權和暴民政治恐懼的政治立場大不相同。《日正當中》和《星際大戰》的創作者，想要傳達自由主義的訊息，並把共和黨政客當成惡棍的靈感來源。此外，NRA對槍枝管制的危言聳聽，以及共和黨二〇一八年的競選口號「要工作機會，不要暴民」，也都根植於保守派政治。當然，敘事結構本身毫無偏見，反而是透過填充特定角色及思想，使其成為特定政治訊息的說服工具。

單一故事主義

對於政治評論家大衛．布魯克斯（David Brooks）而言，美國政治總是沉迷於所謂的「單一故事主義」（single storyism）[28]。尤其是在選舉週期中，這些政治人物通常會利用先前概述的敘事原型，將複雜的情況簡化為簡單的寓言故事。

在二〇一六年初的總統初選期間，布魯克斯就此議題發表文章，他特別指出川普和桑德斯都是單一故事主義現象的巨頭。他表示，二者在處理所有問題時，幾乎都簡化為「戰勝惡魔」的敘事，總是有腐敗或蠻橫的群體造成社會混亂，對前者來說是非法移民，對後者則是華爾街的銀行家。兩人講述的單一故事是，民粹主義領導人是唯一能深切體會市井小民所關心的問題，也能保護人民生計和美國生活福祉免受可怕威脅。

當然，這種現像不僅限於美國政治。很多的政治都是基於對事件的感知，而不是實際的細節。正如前文所見的，民粹主義圍繞著單一而且直接的敘事結構。就像義大利前首相馬泰奧·倫齊（Matteo Renzi）接受《衛報》採訪時所說的，「民粹主義敘事傳達的訊息是，將未來描繪成充滿問題的地方，我們將失去的工作、以及移民如何偷走未來」[29]。這段敘述是基於恐懼移民問題，而不是針對他們實際影響的證據。然而，與實際上因全球流動模式所造成的經濟和文化複雜性相比，這種恐懼感塑造出的情節要具體得多。

相同的敘事輪廓，在英國政治論述中同樣普遍和流行。以對歐洲和歐盟的態度為例，作家芬坦·奧圖爾（Fintan O'Toole）認為，針對英國與歐洲大陸關係的主流態度中，只有少數幾個基本敘事起了作用[30]，當中最持久的一種觀點是（至少對於保守派或反動者的心態而言），英國已經從驕傲帝國擁有者的地位，淪落為被占領的殖民地（或者，按照流行的隱喻，成了附庸國）。這種世界觀建立在簡單的二分法之上，不是主人，就是奴隸，不是殖民者，就是被殖民者。儘管二次世界大戰由英國及其盟國贏得勝利，但人們仍懷疑這些戰爭仍在繼續，而歐盟只是德國主導的另一種形式的統治。因此，英國脫歐一事，變成是一個勇敢的小島國，對抗著肆無忌憚的大陸鄰國帝國主義的野心。正如奧圖爾所寫的，這看來像是一種奇特的反烏托邦幻想，「但在英國反動的想像中，反烏托邦幻想一直以來都與現實無法區分」。英國與歐洲政治關係的議題論述不僅沒有變得微妙和複雜，反而流於民族主義和民族敵意的簡單敘事。

利用過於簡單的故事不僅扭曲了事實，也扭曲了關於真相應該是、或可能是什麼的觀念。例如，當英國的影子內閣大臣約翰．麥克唐納（John McDonnell）被要求對溫斯頓．邱吉爾（Winston Churchill）該被視為英雄還是惡棍的問題給出一個字的回答時，爭議便隨之而來。儘管有撰寫精簡回憶錄的創作傳統[31]，但是要將一個職業生涯長達七十年、並參與了二十世紀許多重大政治危機的政治人物、軍人的人生故事簡化為一個詞，顯然很荒謬。儘管如此，麥克唐納還是吞下誘餌，並給出了答案，他以內政部長邱吉爾決定派遣軍隊控制南威爾斯的托尼潘迪（Tonypandy）罷工事件為由，給出「惡棍」的答案[32]。對於邱吉爾的生平給一個單字的評價，自然會被各家新聞媒體炒作，轟動地報導說「麥克唐納稱邱吉爾為惡棍」，而這番言論「可能會惹上許多麻煩」[33]。當然，這裡的敘事重點是關於麥克唐納的身分（在抗議政治有悠久歷史的左傾政治家），重要性不亞於邱吉爾的定位。而對一個複雜的政治生涯給個荒謬、又毫不含糊的總結、這種人生評價被簡化為單純的好與壞的敘述、以及由媒體報導引發和傳播的政治爭議，這一切都反映出過於簡化的故事如何破壞新聞議程，並使嚴肅的理性政治辯論邊緣化。

布魯克斯根據作者奇瑪曼達．恩格茲．阿迪契（Chimamanda Ngozi Adichie）的演講[34]，改編他對「單一故事」的概念。她在演說中提出警訊，由於社會流傳著一些過分簡化的故事，使人類複雜的處境淪為刻板印象。她認為，有關非洲的主要流傳故事，是非洲大陸的居民極度貧窮需要同情和援助，這成了非洲五十多個國家、數百萬公民唯一的主流敘事，勾勒的觀點來自沒有第一手經驗、與非洲不同文化和人口結構的人。諸如此類的單一故事被當權者用來塑造我們理解世界的方式。

大衛．布魯克斯以「單一故事」的觀點呼籲，在公共論述中應增加更多細微的差別。他認為，每項政策都有積極和消極的影響，在某些方面可以緩解局勢，然而其他方面則非常複雜。換句話說，沒有任何政策是處理複雜社會問題的治標萬靈丹。認知到這一點，對如何妥善因應社會挑戰、適時有效地對話十分重要。因此，布魯克斯表示，**「唯一的出路就是投票選出能夠同時在腦海中持正反觀點的人，並否決那些做不到這一點的人」**。

布魯克斯呼籲政治人物需要注意細微差別，這絕對是明智的建議。但政治總是有廣泛的兩面，一半是說服力，一半是政策。在打選戰時，重點在於說服力（布魯克斯撰文時桑德斯和川普正值競選期間）。在這種情況下，簡單的故事就是非常強大的工具。如我們所見，原型故事提供了現成的思維結構，透過將不同的元素插入結構中，自動生成說話者的敘事視角。妖魔化歐盟機構最簡單的方法是，將歐盟定位於「戰勝惡魔」劇情中的惡魔角色，無論隨後的論述拋出什麼事實，都會自動被故事的邏輯所否定。

原型情節以特定方式架構人物、事件和想法，使人們可以將這些事件分配到現成的價值體系中。重要的是，此價值體系有動態性，不只是將政府、歐盟或非法移民冠上邪惡的烙印，也強調他們正在從事邪惡的行為，正以積極行動威脅人民所關心的社會福祉，而這種行為需要被制止。

第6章 戲劇結構

故事結構可以用各種方式分解，如前一章所見，像陷入困境的人、戰勝惡魔等等，檢視組成元素如何依不同的動態和主題融合在一起，或是研究故事運作機制的組合。本章著重介紹故事運作的組合機制，並具體參考「戲劇」的結構。選擇戲劇敘事做為討論基礎有兩個原因。首先，本書的出發點，是故事有力地吸引選民投入情感，因此戲劇是一個很適合的選擇。其次，政治敘事主要包括演出故事情節，這涉及政治人物在講述的故事中扮演主角，並將議題和辯論轉變成戲劇性的場景。畢竟，「政治劇場」這說法不是沒有原因的。

英雄之旅——唯一的英雄神話

二〇一八年十月，川普與他最直言不諱的支持者之一，饒舌歌手肯伊．威斯特（Kanye West），一起在白宮橢圓形辦公室舉行了新聞記者會。他們的談話範圍很廣，其中大部分由肯伊的獨白主導，他說如果自己要競選總統，得等到二〇二四年才行，因為他不想干擾川普二次連任的野心，但隨後他又補充說道「時間是一個神話」，所以也別太期望他真的會信守這個承諾。他還對多重宇宙、以及為什麼要為芝加哥黑幫老大賴瑞．胡佛（Larry Hoover）❶的監獄釋放而奔走。他指出，有許多理論認為，跨越的時空連續體存在無數的替代宇宙，因此，「對我來說，讓胡佛出獄非常重要，因為在另一個交替的宇宙中，我就是他」。

他提出支持總統的哲學，這些理由比其他主張更為清楚。他敏銳地指出：「川普正走在他的英雄旅途上。」[1] 這裡參照的是神話學家約瑟夫．坎伯（Joseph Campbell）所提出的概念。「英雄之旅」是一個原型故事模式，可以追溯到古代神話乃至於現代戲劇。對於故事結構的研究，這是一個基本的概念。

❶ 芝加哥惡名昭彰的黑幫老大，幫派成員超過十萬人，主要從事販毒、殺人、賣淫和洗錢等非法活動，進出監獄多次，關押 25 年後近年試圖要求減刑，但考量他坐牢期間依然操控幫派事務，因此遭法院被駁回。

故事最基本的定義是，講述某事件發生的情況，對於某個人或其他擬人化角色，嘗試實現某種目標時所採取的行動敘述。戲劇則是他們致力於達成此一目標，亦即在奮鬥過程中所發生的變化。用更專業的術語來說，敘事是按時間順序排列的事件，通常是人類行為的產物，與事件之間有因果關係，包括某種複雜因素、並朝著特定目標發展。

基本的戲劇敘事有三個步驟，通常被概念化為三個劇幕，由約翰．約克按以下順序簡要總結：「我存在；我體驗世界；我有所改變。」[2]或者，正如文學評論家茨維坦．托多洛夫（Tzvetan Todorov）解釋的，從故事開始時的平衡，到經歷一段顛覆時期，到結尾時又再次回到新的平衡[3]。

伴隨著這種變化過程，還有一系列的因果關係，事件不會單純地接連發生，一件事的發生是「因為」另一件事導致的，正是這些因果關係形成的模式構成了情節。正如我們在前一章所見，基本情節有著文化底蘊：一組原型結構為所有故事提供基礎。正如社會學家佛蘭西斯卡．波列塔所說，這一點的重要性在於「我們相信故事，是因為敘事內容很熟悉……我們發現故事的連貫性，與之前聽過的故事產生共鳴」，而這也為故事情節確立了某種必然性[4]。

很重要的是，好故事存在的意義，不僅與發生的事件有關，也與我們對發生事件的「感覺」有關，正是這一點使故事成為情感參與的重要方式。事實上我們可以說，人們是從情感上理解故事，同情英雄、厭惡小人、融入九死一生的險境和突然逆轉的情節。

約瑟夫．坎伯的「英雄之旅」，是這些元素如何組成戲劇結構最有影響力的論述之一。坎伯畢生致力於研究各宗教的異同以及民間傳說，制定出他所謂的「單一神話」（monomyth），大量的故事使用這模板：英雄展開冒險之旅，經歷各種考驗，最終勝利歸返，精神上豐盈充實。坎伯本人對結構的總結如下：「一位英雄從平凡世界冒險進入魔幻奇境，在那裡遭遇不可思議的力量，並取得決定性的勝利，英雄從這場神祕的冒險中歸返，有能力賜予同胞恩惠」[5]。我們可以看到，這與約克劃分的三個步驟完全相同：**（1）一個人啟程（2）進入艱困環境的旅程（3）最終得到自我啟發**[6]。**平衡↓破壞↓平衡**。

坎伯的批評者認為，他的概念被視為創造精彩情節的公式，有點太薄弱，最終也扼殺了創意，這有一部分是因為他的作品在好萊塢特別有影響力，幾乎是所有編劇手冊的核心內容。另一個批評是太過模糊和籠統，無法成為分析故事的有用手段。這兩點無疑都有幾分道理存在，然而，儘管如此，坎伯的概念仍然提供了很好的出發點，幫助理解戲劇敘事的結構基礎、及其涉及的關鍵要素。

經典的三幕劇情結構

那麼，傳統戲劇的經典組成是什麼呢？以下內容是非常精簡的摘要，概括了二千五百年提煉出的戲劇敘事結構的基本原理，從亞里斯多德的《詩學》（*Poetics*）到坎伯，從知名編劇大師悉德．菲爾德（Syd Field）和作家約翰．約克等，再到敘事學家帕特里克．科爾姆．霍根等無數的現代寫作指南。內容難免會有些刪減，但確實勾勒出戲劇結構的主要元素與相互關係。

首先，**你需要一個主角**，這是故事中的英雄或反英雄，發生事件的人物，也是造成事件發生的人物。英雄是觀眾認同的角色，代表觀眾的化身，是他們情感投入和同理心的密碼[7]。我們不一定喜歡主角，只需要關心他們的發展，融入英雄必須面對的困境，在他們試圖擺脫各種困難時與之並肩作戰。最好的主角是獨特又引人注目的人物，通常代表他們的某些方面在人群中脫穎而出，像是特立獨行的警察，在學校格格不入的學生等等。

其次是對手，這是主角必須面對並試圖征服的人或現象。沒有對手，就不會有主角，正是對手製造了衝突，這是任何戲劇的核心組成。正如編劇悉德．菲爾德所說的，「所有戲劇都是衝突，沒有衝突，就沒有行動，沒有行動，就沒有角色，沒有角色，也就沒有故事」[8]。衝突是基於對立面，主角的現實生活與渴望的夢想之間，在願望和實現願望之間的衝突。然後，對手阻礙了主角達到期望的目標，而情節就是他們克服障礙並達到目標的手段。當然，前提假設故事有一個圓滿的結局。或者，回到約克的三步驟，故事發生在某人遭遇對手挑戰時，學習如何成功克服難題，進而改變自己。

在精彩的戲劇中，主角和對手是一體的兩面，而對手是主角的黑暗鏡像。對手通常體現主角缺乏的特質，而他們必須擁抱這些特質才能成功實現目標。但是，對手也會激起觀眾一些道德憤怒感，他們也許是可敬的對手，但道德標準卻與英雄信奉的一切背道而馳。因此，主角與對手的關係為電影提供了道德結構。戰勝惡魔的故事之所以如此常見，一個原因是，故事體現了根植於人類意識的基本道德人生觀，也就是戰勝邪惡、並看到正義理念占上風。

與對手有關的是煽動事件，這顛覆了主角原本安定的生活，迫使他們進入一個陌生的環境，這種環境通常充滿敵意，又體現主角所有文化價值的對立面。煽動事件，是促使主角踏上旅程或接受挑戰的事件。套句簡單格言：出現一個問題，需要英雄尋求解決方案。

欲追求的目標，也就是英雄戲劇需求的解決之道，代表某種原始的人類欲望。正如布萊克．斯奈德在他的編劇手冊中說的，「讓英雄渴望真實而簡單的東西：生存、免於飢餓、性、保護親人、對死亡的恐懼」[9]。這些基本的欲望和本能提供了行為動機。對手威脅到這些基本欲望，使主角致力於達成目標。這是所有戲劇的基本公式。

隨著最初的煽動事件揭開行動序幕，通常還有另外兩個關鍵時刻，才能構成經典三幕劇情基礎。第一個是約翰．約克所謂的**中點**（midpoint），主角面臨的挑戰變得更加嚴峻之際，此時此刻，英雄已經走到這個地步，無法半途而廢，但同時，遭受的挫折有可能危及迄今取得的成就。如果用掉進深谷裡來比喻，那此刻他就是深陷谷底。但是，中點也是主角擁抱應有的特質、面對挑戰的關鍵點，他們領悟自我的內在真相，按照經典的公式，與最初的自我形象截然不同。接著，在劇情後半部，可以看到主角努力接受這個事實，同時調整自己迎接未來的挑戰。

除了中點之外，另一個則是**始終存在的危機**。最終的困境變得更具體，主角必須決定真正的自我，此刻面臨的抉擇是，拒絕改變，因此回到原來的自我；或是面對自己內心深處的恐懼，最終得到回報。煽動事件和危機點都迫使主角進入一個未知的世界，此時需要主角做出抉擇。他們不會立即接受行動召喚，反而會猶豫不決；他們不會立即接受改變，而是有所掙扎。然而，一旦面臨危機，英雄可以迅速進入高潮，亦即與對手的最後攤牌、及隨之而來的解決方案。

這一切都可以轉化為經典的三幕戲劇結構：

- **第一幕**：確立主角及其現狀
- **第二幕**：主角面對競爭的對手
- **第三幕**：二者合而為一，爭議得到解決，進而達到一種平衡

到了劇終時，英雄已經找到解決之道，知道如何控制擾亂人生的破壞性事件。換句話說，他們已奪回自身命運的掌控權。

戲劇就是證據❷

那麼，三幕戲劇實際如何運作？將此結構直接應用於政治領域之前，先來看看在文學戲劇中的表現形式，檢視一部不只是政治劇的戲劇《哈姆雷特》。在馮內果的原型圖中，《哈姆雷特》的劇情呈現出一條水平直線，開始大致位於G－I軸（好運－厄運）的中間，向前蜿蜒而沒有向上或向下的變動，這並不代表劇中什麼事都沒有發生，只是對於馮內果而言，很難判斷所發生的事件是好是壞。

❷「戲劇就是證據」此句源於哈姆雷特口中 The play’s the thing / Wherein I’ll catch the conscience of the king，他設計一齣戲想試探叔叔的良心，欲以此結果做為證據。

哈姆雷特被父親的鬼魂告知，叔叔謀殺了自己，但他不知道是否該相信亡魂確實是他父親，還是試圖引導他誤入歧途的惡魔。於是他便安排了一場戲，想藉此試探他叔叔的反應，為事情的真相提供確切的證據，但計畫並未如他所期望的奏效，使他仍然飽受折磨，不知該如何是好。這部戲劇以哈姆雷特在決鬥中被殺而告終，但是鑑於他對信仰和靈魂問題的矛盾態度，無法判斷他註定要上天堂、下地獄、還是哪兒都去不了。某種程度而言，《哈姆雷特》是一部非常糟糕的戲劇故事，然而，正如馮內果所言，這部戲被公認為世界文學鉅著之一，是有令人信服的理由。因為《哈姆雷特》戲劇化了人類存在的基本真理：「我們對人生知之甚少，真的無從判斷什麼是好消息，什麼是壞消息」[10]。

雖然《哈姆雷特》在馮內果的架構中看似平淡無奇，但正好適合本章所勾勒的結構輪廓。我們有丹麥王子哈姆雷特做為主角，他是劇中的核心人物，有著各式各樣的缺陷，因此很引人注目，但是到了故事結尾，他克服了一開始阻礙他實現目標的性格，即長期內省和一直存在的焦慮，他的行為導致秩序得到恢復。在整部戲中，以爭取公正健全的君主制為核心的政治主題，與哈姆雷特內心掙扎的個人戲劇交織在一起。

至於主角的對手則是哈姆雷特的叔叔克勞狄斯（Claudius），他是一位「冷酷、奸詐、好色、無情的惡棍」[11]，被指控謀殺哈姆雷特的父親來竊取王位。還有一些次要的對手，包括羅森克蘭茲（Rosencrantz）與吉爾斯坦（Guildenstern）間諜二人組、雙重道德標準的母親、以及最後與之決鬥的雷厄提斯（Laertes）。當然，還有哈姆雷特不斷自我掙扎的良心和內在性格。

此外，《哈姆雷特》完美闡釋精心設計的情節結構。所有關鍵元素都在那裡，並且和諧地運作，毫不費力地推動故事發展。像這樣的手法有一個小問題是，運用的結構太過完美了，每個元素都是多層次的。模糊性與戲劇性的目的共存。《哈姆雷特》按照戲劇方式建構，因此，對於傳統規範的巧妙運用，最終不僅成為一部偉大的戲劇作品，同時也可以用來評論戲劇的本質。

以雷厄提斯為例，他在最後衝突中成了哈姆雷特的代理對手而亡。到戲劇的最後一幕，雷厄提斯變成哈姆雷特的鏡像：另一個兒子被迫以家族榮譽和正義為名，為父報仇。雷厄提斯代表了哈姆雷特本人的內在衝突、與其自我意識相對抗。為了替父親報仇，他實際上需要超越並殺死自己的性格。

激起這部戲劇的事件，並使哈姆雷特踏上天人交戰、內外衝突的旅程，是他父親鬼魂的出現，命令他報弒父之仇。這是哈姆雷特自從父親去世、母親改嫁給叔叔以來，一直感到不安的表現。他追求的目標，至少表面看來，是要確認鬼魂的啟示是否屬實，如果是的話，則按父令為其報仇、並為丹麥王國伸張正義。激發這個行動的原始欲望是家族榮譽和懲罰不法行為的道德使命。

戲劇的中點出現於「捕鼠器」場景，亦即哈姆雷特安排一批演員上演的一齣「戲中戲」，與克勞狄斯遭指控殺害老國王的情節相似，欲藉此解決有關鬼魂啟示真實性的質疑。然而，這還是無法消除哈姆雷特的道德疑慮，反而導致一連串意外事故，最終誤殺了無辜的普隆涅斯（Polonius），把自己從復仇者變成了謀殺者，此時此刻他再也無法回頭，就此全心致力於完成這項任務。

整部戲在哈姆雷特和雷厄提斯的劍戰中達到高潮，將所有懸而未決之事聯繫起來，透過巧妙的方法，使主要角色最終互相殘殺。從結構上來講，這部戲傳達了一切必要元素，凝聚於最後的華麗動作場景，正如俄羅斯導演格里戈里．科新澤夫（Grigori Kozintsev）所說，這可能是《哈姆雷特》如此受觀眾喜愛的原因之一[12]。但是，這還不是最終的結局，這部戲最後是由挪威王儲福丁布拉（Fortinbras），另一個欲為父報仇的兒子提供解決方案，對整個不幸的悲劇做出裁決，並針對哈姆雷特的一生及其做為國家領導人的潛力，發表簡短的悼詞。

因此，我們看到了世界文學中最經典、最複雜的戲劇之一極其濃縮的概要。全神貫注在劇情結構及組成元素的目的，是要闡明原型結構的戲劇張力強大，並展示這種簡單模式如何支撐所有戲劇性的敘事。

「川普」這部電影

讓我們回到政治世界。前文概述戲劇結構的目的，是提供一個敘事模型，不僅運作於戲劇和小說之中，也適用於政治說服。《哈姆雷特》設定在充滿政治色彩的環境中，具有政治的言外之意，但卻不是與政治說服明顯相關的作品。因此，這種結構是否呼應政治論述傳達思想和議題的方式，還有待檢驗。我們已經擴展了原型故事的細節，既然本書一開始概述川普的故事，就來看看他的故事是否符合原型結構吧。在過去的幾年中，川普的敘事已成為日常生活文化的一部分，是否容易找到與《哈姆雷特》結構要素明顯的相似之處？如果可以的話，川普是如何針對選民問題建立情感連結的？

如果你想用兩句話來說明川普自命不凡的故事，可能比不上他在二〇一八年五月NRA的集會上對聽眾的宣示。他警告說：「你們正當防衛的公民權利正受到圍剿」、「但只要我是你們的總統，這些權利❸永遠會得到保障」[13]。無論從語法或邏輯來講，這都是荒謬的宣言。畢竟，當時他坐上總統大位已經將近一年半，因此，兩句話相互矛盾：「正當防衛的公

❸《美國憲法第二修正案》（*Second Amendment to the United States Constitution*）是美國權利法案之一，保障人民持有和攜帶武器的權利，亦即公民享有正當防衛的公民權利。

民權利正受到圍剿／我當總統時這權利不會受到圍剿（但川普目前就是總統）。」然而，此一宣示也說明了簡單而單一的故事，正是川普吸引特定選民的核心。這個故事清楚地圍繞在「戰勝惡魔」的原型架構。從政治局外人對抗菁英政治階級的敘事背景來看，這兩句話莫名地實現了一種詭異的連貫性。

他的敘事特徵不僅於此，再以他參與二〇一六年總統大選的故事為例。有關川普政治生涯的故事，顯然有無數可以探討的方式，而選擇的敘述將取決於你對川普政治的態度及其影響力、敘事目的及所採取的敘事形式。本章旨在研究他的競選訴求，如何環繞在一個特定的故事上，以及他如何透過宣言、行動和與新聞界的互動來「操弄敘事」。最重要的是，這是他為自己打造的故事，而不是別人試圖講述的故事。大多數著重在川普與媒體的互動、以及媒體如何報導這種互動。

「川普故事」中的主角當然就是川普本人。他從架上取出一個非常標準的原型來代表自己的政治角色，亦即體制外的政治素人，使他得以在競爭激烈的初選名單中異軍突起，獨樹一幟。正如作家馬克．帕克（Mark Pack）所言，選擇「偽局外人」的角色也為競選提供了一些實際優勢。如果你實際上沒做過任何事情，而在政治上沒有留下任何歷史記錄，讓你聽起來「有一貫的原則」就容易得多。因為大眾認為，政客就任期間，決策時要承受四面八方的壓力，「很難保持一貫原則」[14]。

透過這樣的形象設定，川普的角色也能夠體現敘事本身的主題。對大多數民粹主義領導人來說，同樣的動力也能發揮作用。把自己定位為職業政客的對立面，進而成為個人主義的英雄，不受任何人約束，因此可以自由表達人民的意志。在川普的例子中，他的所有行為、直言不諱和好鬥的說話風格、對民選官員應遵循的傳統禮節毫不在乎，這一切都反映出他的性格，也代表了他的敘事。他也會利用各種管道協助推廣這種敘事。例如，美國情報機關的一份報告指出，俄羅斯官方媒體報導，一直將川普描述為「深受腐敗的政治體制和錯誤的民主選舉程序迫害的政治素人，只為了阻止他當選總統，因為他希望與莫斯科合作」[15]。

在英國，鮑里斯·強森採取了完全相同的腳本，其中可能只少了通俄門的爭議。強森認為選民厭倦了一般政治人物含蓄、模棱兩可的說話方式，而更喜歡那些有話直說的人，即使偶爾會冒犯某些人。正如他撰寫的溫斯頓·邱吉爾傳記中指出的，「希臘人說，性格決定命運，我認同」[16]。與任何政治人物一樣，他也是依此原則建立政治生涯。

政治人物做為戲劇主角的另一個知名實例是隆納·雷根。華特·費雪（Walter Fisher）將所謂的敘事範例引入傳播理論，提出關於雷根政治形象普遍看法的有趣問題[17]。雷根經常背離事實，言辭前後矛盾，而且常常迴避理性的辯論，怎麼還會被公認為是

「偉大的溝通者」呢？這裡似乎有一個明顯的悖論。

費雪認為，有三個因素可以解釋這個謎團。首先，雷根利用了經典的美國夢神話。其次，他為自己塑造一個符合這個故事的角色。正如費雪所說，選民對角色的感覺，是推銷敘事非常重要的關鍵。如果你認為某人值得信賴或站在你這邊，就會忽略一些零星的事實錯誤或誤判。最後，雷根將觀眾帶入故事當中，將他們定位為美國夢故事中的英雄。正如費雪所言，「雷根認為美國人民本質上是英雄」，只要忠於美國英雄這個理念，國家就可以創造自己的命運，這個觀念造就出「浪漫詩意的聽眾，而不是好爭辯的批判者」。選民在政治人物身上，看到自己的價值觀和關注的事被認可，會把這個人視為自我的延伸，是他們個人觀點和信念的公眾代表。

因此，在政治故事中，主角總受到威脅，而社區也需要鬥士為族群服務。在川普故事中受到威脅的社群，包含那些生活水準變差或失業的藍領階級、以及那些認為自身文化和道德價值正受到社會變革威脅的人。在鮑里斯·強森從德蕾莎·梅伊（Theresa May）接任首相的遊說議案中，針對的社群正是在實施脫歐方面覺得梅伊政府處理不力的人。以原型故事比喻，這些村民需要一位英雄挺身而出，保護他們免受威脅家園的怪物傷害。

接下來檢視反派角色。在確定家園社區的威脅來源之後，下一步就是將這種威脅具體化為特定的人士或群體，並以此制定具體的對抗目標。當然，川普最擅長講述這方面的故事。如我們所見，主角若少了對手來定義自我，就變成什麼都不是。因此，川普的策略是無論在哪裡都能挑起爭端，而且從不為自己一連串的偏見攻擊道歉，也為自己製造了無數的對手。然而，歸根究底，這並不是他與特定對象的衝突，對手角色是可以變動的。例如，雖然傑伯·布希和希拉蕊·柯林頓處於對立的政黨，他們在川普的敘事結構中卻代表完全相同的價值觀。一旦他從黨內初選勝出，即可順利地與民主黨挑戰者正面交鋒，而無需改變策略。

對於川普而言，不是只有政治對手，在他的故事當中，對手還包括威脅美國繁榮的他國或外部利益、以及支持或捍衛這些外部利益的人士，這包括所有的墨西哥移民、中國企業、再到為上述一切提供便利的自由主義者和職業政治家，更別提還有不斷扭曲他、進而幫助敵人的媒體。每一個對立者都代表著一套價值觀和特定的道德立場，與川普本人所主張的一切背道而馳。他可能對敵人發動無休止的人身攻擊，但他在出手時，總是明確指出自己不認同的道德特徵。針對這些問題和移民的解決方案呢？興建隔離牆、撕毀懲罰性的貿易協議、徹底改變華府的政治生態、然後直接向媒體宣戰。

川普戲劇的煽動事件始於他決定參選總統，這是受到國家自豪感和責任感驅使的行動號召，使劇本從第一幕過度到第二幕。因此，參選決定代表自己挺身而出。正如他在推特上為自己的商業交易辯護時描述：「我是一位非常出色的房地產開發商，過著幸福的生活，當我看到國家朝著錯誤的方向發展，我決定不顧一切困難參選總統」[18]。這是微觀敘事，故事的主軸：「犧牲自己舒適的生活，為了對國家的責任感，也為了達成使美國再次偉大的簡單目標。」此敘事堅守了陳腔濫調的故事結構。

同樣的，這是民粹主義政治理念運作的典型手法。例如，在亞歷山德里婭·歐加修-寇蒂茲（Alexandria Ocasio-Cortez）二〇一八年競選國會議員的宣傳影片中，可以看到完全相同的模式[19]。她在影片旁白中說：「從政並非計畫的一部分」，但是，親眼看到並經歷所屬社群人們的掙扎，使她不得不走上這條路。再次創造一個政治素人的敘事：單憑她不起眼的身分背景、年輕的新世代、不受既有政治階級常規的束縛，能給華府文化帶來改變。

然而，這種國家使命感的敘事，顯然是為競選目的而建構的。川普的前律師麥可·科恩（Michael Cohen）「大力吹捧川普的故事長達十年之久」，因所扮演的角色而鋃鐺入獄，對於主角的行動號召，他提出一個截然不同的版本：「唐納·川普競選總統的目的，是要讓他的個人品牌偉大，而非讓我們的國家偉大。他完全沒有意願領導這個國家，只想推銷自己、建立個人的財富和權力。」[20]想當然，這絕非川普本人決定講述的敘事框架。

如我們所見，在精彩的戲劇中，這個追尋之旅本身絕非易事。英雄必須面對一連串的挑戰，一切經歷都有助於揭示主角性格。川普所引發的每一場衝突、所挑起的每一次爭議、所克服的每一道障礙，都是進一步宣傳自己角色的方式。在這方面，引發衝突是敘事策略的重要組成部分。畢竟，一個被動的主角，只是單純體驗和回應世界，並不能構成吸引人的戲劇。而川普絕非被動的角色[21]。

最有趣的衝突發生時就是戲劇中點。就在第二次總統辯論預定登場的前兩天，《華盛頓郵報》公布了川普在二〇〇五年的一個錄影片段，名為《走進好萊塢》（*Access Hollywood*），片中詳述他勾引女性的習慣，內容粗俗又充滿性別歧視。媒體當時的觀點是，他的競選活動表現已經夠糟了，第一場總統辯論明顯由希拉蕊．柯林頓占了上風，影片又突然曝光，看來他的「候選人資格」已經受傷到無法彌補。他的言論在民間企業是會被立即解僱的，對於競選國家最高公職人員，當然也該採用相同的檢驗標準吧？

在戲劇中，中點是非常關鍵的時刻，一切危機點都需要主角當機立斷。他們該怎麼辦？該如何適應當下的需求？危機會揭示出什麼樣的角色性格？在整個競選過程中，媒體一直在猜測所謂的「關鍵轉折點」（pivot）。正如語言人類學家麥可．倫波特（Michael Lempert）和麥可．西爾弗斯坦（Michael Silverstein）指出的，媒體經常把候選人的競選活動當成個人發展和成長的故事報導，在競選過程中發生的種種事件，是候選人的挑戰，也是考驗他們展現真實性格的機會[22]。對於川普的競選而言，此事成為媒體臆測的「關鍵轉折點」，認為川普本人將充分意識到總統任期帶來的責任感，以及他如何就職務性質而做出改變[23]。《走進好萊塢》的披露正為情勢扭轉提供了絕佳的機會。故事的「中點」將看到情感和生存的關鍵樞紐，並為救贖和自我成長故事鋪陳情節，至少，這是大多數媒體不自覺強加上的故事弧線。

受到激烈的抨擊之後，川普確實含糊地道了歉，但隨後立刻展開反擊。他頑固地拒絕退出大選，拒絕承認影片中的行為有什麼大錯。反之，他扭轉攻勢，開始將矛頭指向比爾．柯林頓的出軌情史。換句話說，他保持自己一貫的角色性格，更藉此進一步鞏固他直率、不墨守成規的形象資格。他拒絕改變自我，而是堅持認為對總統公職的期待應有所改變。

正如倫波特和西爾弗斯坦所寫，這些「關鍵時刻」的看法見人見智[24]，透過媒體專家將選舉報導的敘述「創造」出來。這個事件，至少在報導的方式上，進一步強化了不因循守舊的政治素人對抗柯林頓品牌傳統政治的故事情節。

川普故事的高潮是選舉結果。總統大選的形式是兩股對立勢力直接衝突，因此有個現成的敘事高潮點。我們從故事一開始就知道，大選結果將是戲劇高潮，因此過程中發生的所有事件和行動都集中在這個方向。同樣的，隨著川普獲勝之後，這些事件只有回想起來才有了真正的意義。如果他沒有當選，對他的行為解讀將會大不相同，也會產生不同類型的故事。事實上，選舉結果確定了一個答案，認為這是政治史上的重大選舉翻盤之一，造成既有政治秩序劇烈轉變的重要歷史插曲。

當然，川普針對這個故事的版本，不像是《哈姆雷特》，反而更像動作片的故事結構，不具有任何真實深度或複雜性。在一部出色的戲劇中，主角踏上了自我發現之旅，試圖挖掘真實的自我。如我們所見，在講述川普這個故事時，幾乎看不到內心旅程的跡象。然而，政治論述需要的情感投入，不同於戲劇，至少，極度簡化的故事原型就能發揮作用。

最終結局如何？

喬治．歐威爾的作品常被用於政治目的，其中一個比較奇怪的例子就是美國政府用來當反共產主義宣傳。一九五〇年代，《動物農莊》和《一九八四》都被改編成電影，由美國情報機構資助拍攝。為了強化反蘇聯寓言的效力，兩部作品的故事結局都改編了[25]。

在歐威爾的原著中，《動物農莊》的結局是動物們看著豬隻（接管了暴政首領的角色），再看看人類，竟發現再也無法分辨人豬之間的區別。動物革命之後唯一成功的事，是將一個獨裁統治集團替換成另一個。然而，在一九五四年的動畫電影中，人類的角色完全被刪除。這部電影由中央情報局祕密資助發行，曾是水門事件關鍵人物的情報局特工霍華德．杭特（Howard Hunt）從歐威爾第二任妻子索尼婭．歐威爾（Sonia Orwell）手中買下電影版權[26]。透過將人類角色從故事中刪除，杭特及同事把內容變成邪惡共產主義（豬政權）的簡單寓言，而沒有對人類所代表的資本主義制度進行同樣嚴厲的批判。

一九五六年麥可．安德森（Michael Anderson）執導的電影版《一九八四》也進行了類似的改編，這部電影的資金來自美國新聞署。在歐威爾原著故事的結尾，主人公溫斯頓．史密斯（Winston Smith）所有的革命理想遭受挫敗，最終完全與國家意識形態妥協，總結在最後悲慘的一句話：「他愛老大哥。」對於英國觀眾來說，這種電影版結局顯然太暗淡了，代表完全屈服於共產主義暴政，因此，溫斯頓和他的愛人茱莉婭被改編成革命烈士，悲觀主義的結局被反抗所取代[27]，兩人在最後一幕中被槍殺，但臨死之前溫斯頓高聲吶喊「打倒老大哥！」

編劇威廉．戈德曼（William Goldman）在他的好萊塢回憶錄中，用一串綿延的繩索來比喻人生事件[28]，作者在將人生寫成故事時（或決定講述哪個故事），先選擇兩個切入點，開頭和重要的結尾，這將決定人生故事的基本類型。克里斯托弗．布克在介紹他的《七個基本情節》時，也提出了類似的觀點，看似簡單的事實，但故事的結局是快樂還是不幸，卻非常是值得觀察[29]。在定義所謂的戲劇性敘事時，故事讓人感到快樂和滿足，或是沮喪和不滿，有一個很重要的元素：故事的結局。就這麼簡單。

為什麼結局這麼重要呢？因為結局會影響故事的結構、以及觀眾對故事的解讀。說故事時知道結局為何，便決定了情節其他元素的組合方式。文學理論家彼得．布魯克斯（Peter Brooks）認為，做為故事的讀者，假設接下來要發生的事情，有助於理解到目前為止讀的內容[30]。我們會繼續閱讀，以便全面了解故事的含義，並知道只有在掌握所有訊息之後，才能透過回想，對故事有充分的理解。結局就像是一切事件發展的框架。

故事的結局總有必然性，尤其是事後回想起來。部分原因是，故事往往以原型結構為基礎。舉例來說，我們可以合理推論，針對二〇一六年總統大選，媒體將故事情境設定得太好了，演變成唯一令人滿意的解決方案就是川普獲勝。就戲劇結構的角度來看，川普的勝選為這發生事件提供了完美的結局，亦即情節的戲劇性轉折。由於不斷關注川普參選人資格的不協調性、他所面臨到難以克服的麻煩、無盡的挫折，新聞媒體無意間將這場競選架構成一個劣勢者的故事。他們對他候選資格的強烈抨擊，使他占盡媒體版面，也讓他成了戲劇中的主角，反而也塑造出人們對選舉翻盤的期望及環境。

結局的另一個重要之處，是為整個故事提供了意義。社會語言學家威廉·勒博夫（William Labov）從日常故事的研究中注意到，人們說故事時，總是帶有評價，說明故事值得講述的原因[31]，好像敘述者預期一個「那又如何？」的故事反應、然後給出一個事先準備好的理由。廣義而言，幾乎所有故事都是如此，我們總是有目的透過故事啟示或評論世間事物。如果我講了同事做過或說過的事，這很可能不只是有趣的軼事，也是對同事性格的間接評價。像是值不值得信任、工作表現出不出很出色、我暗戀他們、或任何其他可能。通常，故事的結局會提供這種評價。結局解決了故事開始的麻煩，還讓敘事成為對世界某事物的解釋。

英國脫歐的傳奇故事就是很好的例證。《新歐洲人》（*New European*）的編輯麥特·凱利（Matt Kelly）在二〇一八年夏季的一篇文章中，簡要分析了當時英國脫歐的敘事弧線[32]。他認為，在看似困惑和混亂糾結的情況背後，所有好戲都只使用經典三幕結構。每一幕的壓軸都是命運的突然逆轉。在這個例子中，有三個出人意料的戲劇化選舉結果，使故事朝著令人困惑的新方向前進。

第一幕：二〇一五年，時任英國首相的大衛·卡麥隆（David Cameron）

❹ 又稱少數派議會，指議會制國家中，沒有一個政黨在議會內取得絕對多數的情況，一旦出現懸峙議會，一般會通過籌組聯合政府、少數派政府或解散議會來解決。

意外贏得他認為會形成懸峙議會[4]的大選。他不得不履行競選承諾，就英國的歐盟會籍問題舉行全民公投。這項承諾納入競選宣言，只是為了阻止民族保守主義的英國獨立黨（UKIP）蠶食保守黨選票而進行的絕望嘗試。**第二幕：**脫歐陣營出乎意料地贏得了全民公投，這令主要倡議者們大吃一驚，他們原本只是想利用競選活動來拓展自己的政治生涯。**第三幕：**面對政策執行缺乏具體細節的艱鉅任務，新任首相德蕾莎．梅伊立即宣布提前舉行大選，希望提高她的談判籌碼。然而，一切並沒有按計畫發展，她並未贏得議會過半數，席次反而減少，因此加劇了讓政府和國家擺脫苦難的任務。

正如凱利寫的，副作用之一，就是保守黨自身崩潰的慘狀，頗具戲劇性諷刺意味的是，事態的發展正是「整個情節設計旨在防範」。以這種形式講述故事，無疑是一部精彩好戲，以向來貼切的「政治愚蠢」概念做為號召主題。

但是，這裡敘述的英國脫歐故事當然少了一個關鍵的結局。如上所述，精彩的情節會設定一個特定的結局，然後投射出一連串的行動，一切似乎無可避免地邁向那個結局。例如，如果認為英國脫歐是從歐盟暴政枷鎖中解脫的故事，那麼圓滿的結局就是，要求英國象徵性地擺脫這種虐待關係。反之，如果將英國脫歐視為是少數既得利益政客在外國邪惡勢力暗中支持下，誤導公眾的故事，那麼幸福的結局將包括，恢復道德正義和理智，並在極短的時間內將國家從經濟災難中解救出來。根據選擇的內容，故事會形塑完全不同的野獸。

凱利撰寫這篇文章旨在推動英國脫歐進行第二次公投。透過描述這三個選舉（二〇一五年大選、二〇一六年公投、和二〇一七年大選）的故事，他暗示第二次公投將產生很好的戲劇性對稱。他講述這段時期的英國政治故事，是選擇了「陷入困境的人」經典原型，由多位保守派政治人物領導的英國代表「人」，而英國脫歐代表「困境」，而擬議中的第二次全民公投則做為英國隨後擺脫困境的手段。事實上，接續的第四次選舉是二〇一九年歐洲議會選舉，使得英國脫歐黨（Brexit Party）首度在世界嶄露頭角。

關於結局的影響，還有一個好例子是電視電影《脫歐之戰》（*Brexit: The Uncivil War*），於二〇一九年年初開播，也就是英國脫歐的談判協議仍在進行之際，講述的正是全民公投競選活動的故事，主要關注脫歐陣營競選總監多明尼克·卡明斯所扮演的角色。這部電影的高潮是全民公投的結果和「脫歐陣營」的勝利，但緊隨其後的是簡短的尾聲，內容是卡明斯在四年後向議會委員會提供證據。在現實生活中，卡明斯一直拒絕出席議會，回答競選活動相關的問題，因此這個場景完全是虛構的（儘管內容是根據他在部落格和其他地方發表的評論）。這就是作家詹姆斯·格雷厄姆（James Graham）所謂的故事中「想像的未來」。在接受記者凱洛·卡德瓦勒德（Carole Cadwalladr）採訪時，格雷厄姆解釋為何採用此結局，儘管現實中並非如此[33]。在這最後虛構的場景中，卡明斯承認他為公投結果對英國社會造成的影響感到擔憂，而且他有一種不確定感、甚至後悔他對英國造成的混亂。雖然故事本身的戲劇弧線是選舉活動（背後動機、所採用的策略、和所牽涉的人物），但此一結尾旨在擴大故事的意義，藉此更全面地評論英國政治和文化身分的混亂本質，儘管在劇本寫作之際，整個事情的後續發展仍是未知數。

六個月後，現實生活中的情節又出現了一個轉折，卡明斯被聘任為新任首相的高級顧問。在二〇一九年三月，亦即《脫歐之戰》播出數週之後，他因拒絕出席特別委員會而被認為藐視議會[34]。然而，當鮑里斯．強森於同年七月取代德蕾莎．梅伊擔任首相時，他任命卡明斯為首相辦公室副幕僚長，為這故事提供了截然不同的結局。

在政治背景下，結局還有一個很重要的作用，就是敘事劇的結局永遠是另一個故事的開始。再次回顧《哈姆雷特》劇中的結局，並非所有的角色都死了，而是結束於挪威王儲福丁布拉的到來，在丹麥王室沒有任何倖存成員的情況下，宣告繼承王位，因此，丹麥哈姆雷特家族的統治結束，標誌著福丁布拉統治的開始。國王死了。吾皇萬歲。

政治事件構成故事的方式也是如此。從東尼．布萊爾（Tony Blair）在一九九七年大選獲得壓倒性勝利後，隔天旭日初升，他宣示了「新的曙光來臨」，一直到脫歐陣營宣示六月二十三日（英國脫歐公投當天）是英國的「獨立日」，所有的結局都是新的開始。故事結局的框架決定了可期待的未來類型。

第三部

語言與修辭

第7章
希望與恐懼

政治策略家馬克．麥金農認為，所有好的政治競選活動，都有一個簡單的情感訴求，創造政治敘事的公式很簡單，就是將故事寄託在兩種情感之一：希望或恐懼[1]，這正是推動改變的欲望，而這種欲望導致衝突，因而構成情節。我們在上一章中看到的敘事結構，是主角在實現目標的過程中所經歷的掙扎，但是激發他們追求的動力來自這些基本情感。

聽起來似乎很簡單，但事實證明屢試不爽。例如，如果我們觀察前兩位民主黨總統採用的策略，就會發現他們完全遵照麥金農的公式。他們透過講述傳記故事傳達這一點，而故事中體現他們選擇情感所象徵的價值觀。

新希望

好萊塢有兩部關於川普之前兩任總統的電影，都是在他們卸任之後拍攝的，敘事框架是基於對其政治傳承的了解。在奧利佛．史東（Oliver Stone）的《*W*》，描繪喬治．W．布希叱吒風雲的生平和任期，留下的是對伊拉克戰爭及其後果的高度爭議。維克拉姆．甘地（Vikram Gandhi）的《巴瑞精神》（*Barry*）則是講述第一位非白人總統歐巴馬的故事。這兩部電影主要關注父子間的矛盾關係，而不是政治問題。史東將布希的生平變成一位人子，為了不辜負父親期望而奮鬥的個人戲劇，而地緣政治問題只是他試圖解決內心掙扎的手段。《巴瑞精神》則講述歐巴馬進入政壇之前的早年生活，在父親缺席的情況下成長的故事，以及在種族認同問題仍普遍存在的社會裡，一個混血兒的經歷。在這兩部電影中，故事的情感核心都是主人翁希望被接納和愛的渴望。

早在這兩部電影製作之前，兩位政治家早已仔細整理了自己的傳記，做為政治人物建設形象的一部分。以歐巴馬為例，便是將他的生平事蹟做為支持美國夢情感基礎的典範。

歐巴馬突破性的政治時刻，來自於他在二〇〇四年民主黨全國代表大會上的演說基調，演講的標題是〈無畏的希望〉（*Audacity of Hope*）。兩年後，這也成為他第二本書的書名。這句話取自他的前牧師傑里邁亞．賴特（Jeremiah Wright）的布道，而後者又是基於英國畫家喬治．沃茨（G. F. Watts）一幅名為「希望」的畫作。

歐巴馬出版的這本書，副標題正是《重申美國夢》（*Thoughts on Reclaiming the American Dream*），他在演講和書中向美國人宣傳的敘事結構，大部分基於灰姑娘原型，憑著信念、堅持不懈和努力工作，美國任何人都可以獲得認可和成功。在二〇〇四年的演講尾聲，他列舉一連串在危機時刻寄予希望的群體：奴隸們唱著自由之歌、移民將目光投向美國更美好的生活、正在海外服役的海軍人員，最後提及自己「這個名字古怪的瘦小子，堅信美國這塊土地必有容身之處」[1]。在整個演講中，希望的概念被當成箴言，凝聚了機會和理想抱負的主題，此刻站在演講台上發言的歐巴馬本身便是最佳典範。當然，後來「希望」這個字被運用在謝帕德．費爾雷（Shepard Fairey）所設計的紅、藍和白三色標誌性總統肖像海報上，因而與歐巴馬的形象密不可分。

十二年前，比爾．柯林頓在競選中也運用幾乎完全相同的簡單訊息，也把自己定位為美國夢的化身。他的表達方式並無微妙之處，在他的例子中，從小生長的小鎮名稱實際上就叫做「希望」。

柯林頓在一九九二年民主黨全國代表大會上接受政黨提名，他的團隊製作了一部短片，將他介紹給大會堂上及全國的黨代表。媒體評論家和歷史學家喬安妮．莫雷阿萊

（Joanne Morreale）指出，美國政治中有三種不同類型的競選宣傳影片[2]。首先，有描繪候選人身分的傳記影片；其次，概述候選人成就的簡歷影片；最後，候選人勾勒自己對國家未來憧憬的遠見影片。在競選中，挑戰者通常以傳記呈現，因為他們尚未取得值得誇耀的成就。再者，現任政治人物則更傾向於關注政績，假設選民已經了解其背景。柯林頓的電影簡稱為「來自希望的人」，是第一類和第三類影片的混合體，簡短的傳記描繪柯林頓回顧童年和成長時期的經歷、投身政壇的召喚、以及美國理念對他的意義等。

這部電影的故事情節很簡單，始於對美國小鎮、籬笆和社區夜不閉戶的懷舊之情。旁白敘述說，他的童年很快樂，但也有艱辛之處，他的父親很早就去世了，使他不得不承擔起一家之主的責任。幾年後他的母親再婚時，他還得面對酗酒又暴虐的繼父。但同時家庭也為他提供了堅實的道德基礎，並相信教育的重要性和對國家的熱愛。這些都是私人美德，將會引導他的公共舉止，美國小鎮灌輸給他的希望和信念，他將以總統的身分體現出來。影片中以演講做為結尾，他表現出自己是一個團結者，仍然堅信美國的未來、以及一個叫做「希望」的地方。

無論是柯林頓的競選影片或是歐巴馬的全國代表大會演講，都沒有關於政策的議題，反之，完全關注在候選人本身，個人背景、政黨、美國公民身分和價值觀。雖然這兩種宣傳都與川普的敘事相去甚遠，卻都有一個簡單而經典的結構，旨在以情感層面吸引群眾。

美國總統大選順口溜

除了希望，賦予政治敘事力量的另一種主要情感是恐懼。早在一八二八年的總統大選時，時任總統約翰．昆西．亞當斯（John Quincy Adams）正竭力應付安德魯．傑克遜（Andrew Jackson）的挑戰，他的競選團隊認為，最佳賭注就是描繪一幅世界末日的景象，暗示如果亞當斯沒有連任的話，會有什麼可怕的後果。他們採用早期版本的「恐懼計畫」策略，或政治學家丹尼爾．阿爾貝塔齊（Daniele Albertazzi）所謂的「戲劇化」橋段，悲嘆如果拒絕了現任領導人，將使整個社區陷入極大悲劇[4]。在此例中，約翰．昆西的競選團隊警告人民說，如果自己在選舉中落敗，美國將被仇恨、瘟疫和禍患淹沒，而撒旦也將肆虐這片土地[5]。

這個訊息再加上競選歌曲傳達給選民：將老歌「你不知道誰會來」（*Little Know Ye Who's Coming*）歌詞改寫成：火來了、劍來了、槍聲刀影都來了……／要是約翰．昆西不來了！。如今令人可惜的是，諸如此類的順口溜很少應用到現代總統競選策略中。當今的競選活動配樂幾乎都是第三方歌曲。不過，音樂仍然是競選活動很重要的一部分，可以設定特定的氣氛、有助於與群眾建立情感互動，但卻不像過去量身打造的順口溜那樣具有說故事的功能。

直到一九六〇年代，競選活動的廣告宣傳曲還是很流行，約翰·甘迺迪（John F. Kennedy）和理查·尼克森（Richard Nixon）之間的對決，引發一場有趣的流行文化大戰。如今，甘迺迪與尼克森大選最廣為人知的，是電視形塑對候選人造成的巨大影響，電視辯論中瀟灑入鏡的甘迺迪，與皺眉、滿頭大汗的尼克森形成鮮明對比，也連帶產生了經典的順口溜對決。甘迺迪利用與娛樂圈的關係，讓法蘭克·辛納屈（Frank Sinatra）重新改編他在一九五九年的熱門單曲「寄予厚望」（High Hopes），並將歌詞改成傑克（甘迺迪的小名）具有別人缺乏的特質、走在正確的軌道上等等[6]。甘迺迪還推出一首不太為人所知的「甘迺迪，甘迺迪」，歌詞描述他是一位「年紀夠大有經驗、年紀夠輕有動力」的男人。

然而，這兩首都不像尼克森（綽號迪克）的競選歌曲那樣引人注目。尼克森團隊仿效了「我愛艾克」（*I like Ike*）這首歌的極簡韻律，推出「與迪克一拍即合」（Click with Dick）❶的競選曲目，鼓勵選民來吧，與迪

❶ I like Ike 原為美國艾森豪總統的競選歌曲，Ike 為艾森豪的暱稱，歌詞 click with someone 意指與某人來電、一拍即合。尼克森團隊將這首歌 someone 改編成尼克森小名 Dick，Dick 暗喻男性生殖器，而 lick 有戰勝、打敗之意，也暗喻性交動作。

克一拍即合，此人無人能敵（*Come on and / Click with Dick / The one that none can lick*）[7]。

雖然廣告順口溜如今已不再流行，但歌詞的格言性質仍存在於競選口號中。口號通常被視為選舉政治很重要的一部分，旨在以令人難忘的方式概述競選訴求的主軸。畢竟，簡單往往具有強大的力量，至少，那正是主要目的。在大多數情況下，口號是溝通策略很普遍卻容易被忽略的元素，在最糟糕的情況下，甚至可能適得其反，為批評者提供現成的攻擊路線。

例如，不幸的麥肯．滕博爾（Malcolm Turnbull）曾在二〇一六年以「延續與變革」（*Continuity and Change*）的口號競選澳洲總理，卻沒發現這與HBO電視連續劇《副人之仁》（*Veep*）劇中的虛構政治家瑟琳娜．麥爾（Selina Meyer）乏味的口號「延續的改變」（*Continuity with Change*）如出一徹。《副人之仁》的作家兼執行製作西蒙．布萊克威爾（Simon Blackwell）解釋說，故事原意是要提出「看似有深度和意義，其實極度空洞」的口號[8]，因此就只是用了兩個抽象流行語組成的一個矛盾修辭。滕博爾故事的教訓是，如果你「不小心」抄襲了別人，最好不要用到原意是諷刺性的詞語。

類似的選戰策略誤判，是共和黨的候選人貝利．高華德（Barry Goldwater）在一九六四年推出的口號：在你的心中，你知道他是對的（*In your heart, you know he's right*），幾乎立刻被批評者以其他替代文字嘲弄，例如：以你的直覺，你知道他是瘋子（*In your guts, you know he's nuts*）和在你的心中，他太過極右派了（*In your heart, he's too far right*）。

即使口號沒有招來適得其反的惡果，還是可能對競選活動造成影響。希拉蕊．柯林頓二〇一六年的競選團隊測試了八十五種不同文字組合，最後才選出贏面較大的口號[9]。如圖表三所示，這些口號大多包含「公

圖表三　希拉蕊．柯林頓二〇一六年總統大選競選口號高頻率詞彙的文字雲

平」、「家庭」、「未來」、當然還有「美國」等詞語的組合，例如：締造更美好的未來；公平至上；家庭的公平機會；來自美國家庭的力量等等。競選團隊最終選擇了平淡無奇的「團結更強大」（*Stronger together*）。事實上，他們實地測試這麼多的口號，而所有替代方案聽起來都像是電腦自動生成的建議，完全沒有引發群眾吶喊的號召力，這可能就是競選活動缺乏活力的徵兆。

柯林頓並不是唯一一位有競選口號問題的人。到目前為止，美國總統大選都沒有特別難忘的競選口號，選民可能也沒有留下印象。二〇〇八年，約翰．麥凱恩打著「國家優先」（*Country First*）的口號。四年後，米特．羅姆尼（Mitt Romney）採用「美國信念」（*Believe in America*）。鮑勃．杜爾（Bob Dole）一九九六年的口號是「更好的人，更好的美國」（*The Better Man for a Better America*）。一九七六年，傑拉德．福特（Gerald Ford）的口號則是「他將使我們再次感到驕傲」（*He's making us proud again*）。這些口號不只在主題上做文字變化，通常也和來自雙方政黨的前任者使用的口號非常相似。例如，約翰．凱瑞在二〇〇四年提出的口號是「讓美國再次成為美國」（*Let America Be America Again*），似乎想表達「讓美國再次偉大」（*Make America Great Again*）措辭不佳的嘗試。小布希在同一年的口號是歐巴馬式的「是的，美國可以」（*Yes, America Can*）。當然，偶爾會出現一些非常奇特的口號，例如赫伯特．胡佛

（Herbert Hoover）一九二八年的「每個鍋裡都有雞，每個車庫都有車」（*A Chicken in Every Pot and a Car in Every Garage*），但是少之又少。

在某些例子中，口號是為了擺脫過於陳腐老舊的陷阱，完美簡潔地敘述競選活動。英國公投脫歐陣營的口號、川普二〇一六年的競選宣言正是此例。記者艾許．薩卡（Ash Sarkar）在《衛報》撰文指出，「拿回控制權」（*Take back control*）短短三個英文字就表達出一個複雜的故事。選民只要反抗政治，就有機會扭轉國家衰落的局面」[10]。川普的宣示口號則沒那麼精簡，多了一個字。但說句公道話，英國支持脫歐的口號一開始也是四個字，亦即「讓我們拿回控制權」（*Let's take back control*），只是當媒體報導轉載時，第一個字被遺漏了。

那麼，這些口號如何操作成故事？簡而言之，他們以改變的欲望做為核心，並強調採取行動實現改變的必要性。行動促成變革，是任何戲劇敘事的基本要素。這兩個口號都使用祈使句（Take…/Make…），敦促選民參與。這一點十分重要，因為部分選戰策略，是要讓普通老百姓反抗那些自以為是、過度干預的建制機構。將全民參與的概念編入用字措辭中，口號因此能夠吸納更多選民、鼓勵參與。對照於希拉蕊．柯林頓的團結更強大（*Stronger Together*）或「留歐派」運動湊巧相似的口號更強大、更安全、更美好（*Stronger, Safer and Better Off*），二者都用比較級的形容詞並列來宣傳維持現狀，這些對比隱約暗示，如果放棄現有的一切會有什麼後果。這兩個口號既沒有號召行動，也沒有要求改變，因此，沒什麼活力或情感吸引力。

脫歐陣營和川普口號共有的另一個特色關鍵是，喚起懷舊的黃金時代。脫歐派競選總監多明尼克．卡明斯談到他如何明確地在 *Take back control* 口號中納入懷舊之情。全民公投後的第二年，他在演講中表示：「請注意 *back* 一字引發對失去的遺憾，然而失去了某些東西，但我們可以重新拿回來」[11]。針對過去策略性的參考指涉，也完全顯現在「讓美國再次偉大」的口號中，不僅暗示可以挽回損失，也喚起了一種安全感。過去是比未來更安全、更不可怕的地方。正因為過去是人們熟知的，因此產生安心的效果。再者，最終能找回失落的天堂正是猶太／基督教社會的創始理念。從天真無邪、更單純健康的時代衰落，是定義西方文化的敘事，而這兩種口號都恰好利用了相同的敘事原型。

玫瑰的別名

英國工黨在一九九二年使用的競選口號宣示：「該讓英國重新工作／運轉了」（*It's time to get Britain working again*），當時工黨已經失去政權十三年了，儘管多數民意調查顯示下一屆大選工黨將獲勝，最後還是輸了。這個口號對所謂的「敘事框架」有十分錯誤的理解。一九七八年柴契爾夫人（Margaret Thatcher）上台前一年，保守黨以「工黨不工作」（*Labour Isn't Working*，暗喻工黨沒有執政成效）的口號推出了非常有效的競選廣告，一張民眾大排長龍等著領失業救濟金的照片，上方寫著這句標語。*Working* 的雙關語輕易地將工黨政府陷入困境的政策，與日益嚴重的失業人數聯繫在一起。工黨經過十四年的長期在野之後，大概認為巧妙地反駁這種說法會是個好主意，因此，提出「該讓英國重新工作／運轉了」。然而，改寫保守黨以前的口號，重複運用同一單字的雙關語，就好像工黨在提醒選民，早期如此成功、以及工黨與經濟管理不善之間的所有關聯。

敘事框架的概念是，對世界的感知方式是由一系列的聯想（一個框架）所構成的，為我們提供看待事件的特定視角。語言在此扮演核心角色，因為我們大部分的社交經驗都是透過語言中介。聽到一個給定的詞語時，你不僅會想到它指的對象，也會聯想到其他各種相關概念。比方說，如果你聽到「玫瑰」一詞，大腦可能還會聯想到「紅色」、「花朵」、「刺」或「情人節」之類的東西。

語言召喚出來的不僅只是概念，還有情感。例如，如果聽到一個會讓你聯想到美好回憶的字詞，心情可能也隨之開朗。讀心術者正是利用潛意識，來操縱受試者特定思考方向的認知過程。他們將「紅色」、「刺」和「情人節」等字詞放入其他事物的討論中，不久之後再要求受試者選擇一種花，多數人會不可思議地選擇玫瑰花。這一切的結果是，當不同概念在政治中形成固定聯想時，我們會開始評價這些概念的立場，例如，自保守黨一九七八至七九年的廣告宣傳之後，工黨便一直與失業相關聯。我們開始認定概念與其引發的聯想價值密不可分，儘管現實中其實毫無關聯。

以「非法外國人」（illegal aliens）和「無證件移民」（undocumented immigrants）這兩個詞為例。兩種說法都表示未經許可居住在該國的人，為常用詞彙，尤其是美國。在許多方面，二者幾乎是同義詞，但是語言框架卻截然不同，像是玻璃杯半空／玻璃杯半滿的觀點區別。*aliens* 這個字不僅僅意味著「外國人」，還有「非人類」的含義，*illegal*（非法）是形容某人目前在國內身分未獲官方批准，但也與犯罪、懲罰和監禁有關，暗示此人本身就是罪犯。正因如此，美聯社在二〇一三年決定避免使用「非法」一詞來形容移民，認為這是不人道的，而改採用「無證件」[12]，目的是使用比較不帶偏見的語言框架。

然而，在二〇一八年夏天，由於川普執政之下，對移民問題採取強硬的態度，美國司法部因而採取完全相反的做法，他們頒布了一道法令，規定律師事務所在文件中仍應使用「非法外國人」[13]。這是美國政府正在實施的宣傳策略之一，旨在改變談論移民的方式。同年早些時候，美國公民及移民服務局（USCIS）在官網上刪去了「移民國家」的字眼，並將補助英語課程的「公民融入資助計畫」名稱，更改為「公民歸化資助計畫」[14]，其目的顯然是要建立移民與違法之間的關聯性，而不認同長期以來的民族大熔爐敘述。

這一類的語言框架在政治領域極為重要，以至於如今倡導團體都會向支持者諮詢，哪些重要的詞語能夠巧妙支持他們試圖推廣的意識形態。例如，倡導低稅率社會的英國保守派團體「納稅者聯盟」（TaxPayers' Alliance），最近發布了一個資訊圖，標題為「別再使用偽納稅人的語言」，他們表示這是教導政治人物從日常對話中去除社會主義意識[15]。避免這一點，他們建議應該要說「納稅人的錢」而不是「政府的錢」；應該只說「ＮＨＳ」（國民健保制度）而不是「我們的ＮＨＳ」；還有一個更直接的，不該說「我們要求人民多繳一些稅」，應該要說「我們會以吃牢飯為威脅，迫使人民繳納更多稅金」。改變了語言框架，就改變了看問題的觀點。

如果媒體隨後採用這種術語，等於是無意間接受了這種意識形態觀點。透過採用特定團體的框架語言，就等於在議題上選擇了某一立場。例如，二〇一五年英國財政大臣喬治．奧斯本（George Osborne）將新的最低工資稱為「國民生活工資」，當媒體報沒有多加批判直接使用該術語時，等於幫助推動了這個想法：其實只要時薪七．二英鎊就可以過活了，足以維持食物、衣服和住宿方面的基本開銷。事實上，經計算顯示，這個數字只比貧困工資好不了多少。根據生活工資基金會（Living Wage Foundation）活動組織的計算，對於二〇一六年居住在倫敦的人來說，他們所謂的「實際生活工資」應該是九．七五英鎊，也就是說，比政府政策所保證的高出約二五％[16]。然而，每當奧斯本的語言框架重複出現時，這個事實就被掩蓋了。這樣的情況，正如心理學家戴爾．韋斯頓（Dale Weston）指出，「如果你讓反對者掌控了話語權，等於讓對方控制了傳播網路，而一旦傳播網路被對方掌握，他們將控制選民的聯想系統」[17]。換句話說，當權者可以透過語言處理影響我們大腦，重新解釋重要的政治問題，進而改變我們對現實的理解。

大腦運作模式還有一點很重要，影響著政治論述塑造我們看待事物的方式。事實上，重述對手精心設計的文字措辭，即使目的是批評對方所指的概念，此舉也有助於影響思維，成為日常政治詞彙的一部分。否定對手的敘事框架，反而能夠強化其力道。我一直不斷告訴你，英國每週交給歐盟三．五億英鎊，你就越可能信以為真。之後，如果有人告訴你，英國每週交給歐盟三．五億英鎊並非事實，那麼，每週三．五億英鎊的數字只會更深植在你腦海中。這與所謂的「虛幻真相效應」（illusory truth effect）有關，即人們傾向於將重複視同真理。這是一種認知偏見，反覆接觸某些資訊會衍生該資訊是正確的假設[18]。正如認知語言學家喬治．萊考夫（George Lakoff）所說：「所有不擇手段、成功的推銷員都知道，如何利用你的大腦來對付你，讓你購買他推銷的產品。」[19]

如今的政治似乎充斥著一大堆這種不擇手段卻又成功的推銷員（政客）。

否定敘事框架卻適得其反的有名的例子，是水門事件醜聞中理查．尼克森的聲明「我不是騙子」。在這種情況下使用「騙子」一詞，尼克森強化了聽眾對他的第一個聯想[20]。由他本人親口說不是騙子，他自己就觸發了邪惡行為的概念，進而造成違背本意的結果。

同理可證，*Brexit*（英國脫歐）的文字結構包含了*exit*（脫離退出）的概念，卻完全沒有任何留歐相關的內容，可能也產生了類似的效應。換句話說，每次使用該術語時，都會觸發退出的想法。

英國脫歐爭議充斥微妙的策略敘事框架。例如，*Brexiteer*（脫歐派）一詞的創造被認為是脫歐陣營重要的策略步驟。在早期的媒體報導中，*Brexiter*和*Brexiteer*的使用頻率相等。然而，正如麥可．戈夫在《旁觀者》（*Spectator*）雜誌採訪中解釋說道，「*Brexiteer*會使人聯想到*buccaneer*（冒險家）、*pioneer*（先驅者）、*musketeer*（劍客）……為脫歐論點帶來一點華麗自信和浪漫的感覺」[21]。利用這個做為「脫歐」陣營的代表術語，為其身分增添一點虛張聲勢的優勢。*Brexiteer*與之前描述相同立場的術語*Eurosceptic*（歐洲懷疑論者），形成了鮮明的對比，後者並未激起人民熱情，意思也比較負面。對於全民公投之後的辯論，同樣重要的是*Remoaner*（留歐派）的造字，在此例中，這個合成字（適度加入愛發牢騷的雙關語）不僅被辯論對手貼了標籤，還添加了一點侮辱的意味。

在許多情況下，框架與故事敘事並存，圍繞一個概念而建立的關聯，進而成為此概念「自然」的思考方式，通常由一個潛在的故事構成。例如，以一般人民對稅收的看法為例。喬治．萊考夫在語言框架方面的研究頗具影響力，他利用稅收的概念，來說明社會意識形態在不同概念框架下的建構方式[22]。他認為，稅收的日常態度，其實是更廣泛世界觀的一部分，攸關社會如何運作、甚至於社會普遍的價值觀和道德觀。萊考夫的論點概述如下。對於那些保守的右派人士，稅收是國家對個人造成的負擔。在許多方面，稅收有其必要性，但卻與保守派的世界觀自給自足、個人選擇和自由的基本理念背道而馳。這反映在我們談論稅收的語言中。例如，「你無法逃脫死亡或稅收」（*You Can't Escape Death or Taxes*）這類的格言，動詞 *to tax* 的意思有「提出嚴苛的要求」，以及「減輕公民的稅收負擔」之類的詞意。稅收是犧牲個人利益為代價來補貼群體，從保守派的角度來看，這與他們的主張背道而馳。正因如此，保守派總是打著低稅或減稅的政策宣言競選。經過多年巧妙的敘事框架，這種稅收觀點已成為社會上的主流觀點，以至於稅收政策自然而然被視為保守派的戰場。

當然，這一切基於一個非常具體的稅收概念框架。例如，忽略了稅收對社會的順利運作發揮重大作用；人類是社會物種，依靠合作來實現幸福的生活，而稅收正是複雜的資本主義社會下的集體合作機制；也忽略了任何個人的成功都是公共投資的結果。

保守派的稅收觀點不僅是意識形態框架的產物（強調稅收和政府干預之間的關聯），也是基於美國夢的敘事結構。將稅收視為國家對普通公民造成的負擔，這個框架巧妙地映射個人主義英雄，在世界努力求生存的原型神話。這也是灰姑娘的原型，故事中少了家庭（象徵社會）的支持力量，英雄必須靠自己的巧智和好運才能生存。在灰姑娘的例子中，欺負她的當然不是直系親屬，就像（用自己的納稅錢提供支持的）社會成員不是你的血緣親戚一樣。反之，邪惡繼母／政府就像遙遠的當局，企圖騙取她應有的權利。因此，關於稅收的保守立場，與支撐美國政治論述的主要原型敘事密切相關。為了反駁這種敘事框架，左派人士需要將他們的觀點嵌入同樣吸引人的故事中，也許是無私奉獻的故事，由照顧我們親人的醫生和護士所體現；或關於消防員和軍事人員提供的服務和安全保障；或是關於國族認同的驕傲和投資。

第 8 章
後真相詞彙庫

上一章最後幾個例子的背後原理，是透過控制社會使用語言的方式來控制敘事。這些敘事可以濃縮成像座右銘和流行語等簡短字詞，並透過簡單的表達和措辭而延續、傳播。精心選擇的詞彙與概念巧妙並列，可以影響人們大腦的運作方式，進而影響人們看待世界的觀點。

語言絕不是說故事的唯一工具。尤其是現代社會，文字會與圖像、影片、音樂和表演一起運作，成為我們在溝通時掌握的部分資源。現代政黨必須要考慮候選人的衣著造型、站姿和舉手投足、競選設計使用的顏色，以及許多事物的溝通力量，這一切都有助於他們企圖傳達的訊息、想要推銷的故事。然而，語言仍然是人們彼此最靈活的溝通方式，對於政治論述更是重要，以至於政治選戰中雙方的地面戰通常都是在爭奪話語權，同時為了思想和價值觀而戰。正如本章要說明，這場地面戰爭的戰術可以有多種不同形式。

僵化制式的官方語言

二十世紀許多惡劣的極權主義政權都熱衷使用所謂的「僵化語言」，亦即浮誇但毫無意義的官方文本，旨在用輝煌的未來意象激勵公民，同時掩蓋社會現實困境。布加勒斯特（Bucharest）的媚俗博物館（Kitsch Museum）記錄了獨裁者齊奧塞斯庫（Nicolae Ceaușescu）和共產主義者統治下的羅馬尼亞日常生活，有一個展覽品充分體現這種語言的空洞程度（圖表四）。該展覽是一種隨機接龍（exquisite corpse）❶的遊戲版本，其中一種玩法就是從表格各列中選擇一個短語，將它們合併成一句話，不管怎麼選，結果都會是毫無意義的組合[23]。

歷史學家弗朗索瓦．湯姆（FrançoiseThom）在《僵化語言》（*La Langue de Bois*）著作中，解釋這種語言喜歡用抽象概括、誇張的隱喻、和

❶ 二十世紀法國超現實主義藝術家發明的一種文字接龍遊戲，法語直譯叫精緻的屍體，取自他們首次遊戲時得到的一句話：The exquisite corpse will drink the new wine.（精緻的屍體將喝下新酒）。

教條式正邪對立的世界觀（社會主義共和國＝好；墮落的資本主義國家＝非常糟糕）[24]。此語言的基本特徵與極權勢力運作有關係，這是國家塑造的敘事框架，即人民應該如何看待自己的社會、以及對國家未來的共同願景。

在世界某些地區，這種現象仍然很活躍。例如，北韓政府在二〇一五年朝鮮勞動黨（Workers’ Party of Korea）代表大會召開之前，發布了數百個鼓舞人心的口號，鼓勵民眾「透過軍民聯合行動讓全國變成社會主義仙境！」或更令人振奮的「讓這個社會主義國家迴盪著大魚之歌，瀰漫著魚和其他海鮮的芳香吧！」[25]

當然，這種語言不僅限於極權主義政權。任何在大型機構工作的人，都會對此非常熟悉。官方語言（officialese）是指企業

圖表四　布加勒斯特媚俗博物館的僵化制式的語言範例

敬愛的公民同胞、親愛的選民	執行我們的國家轉型任務	迫使我們進行全面分析	由於即將到來的選舉而造成的現狀
同樣的	國內發展和國際情勢的分歧	發揮基本作用以決定	我們未來必要的發展方向
過去一年積累的實務經驗	有自覺的政治力量採取的新模式	必然要執行	普遍參與鞏固民主的制度
同時我們不要忘記	持續保障羅馬尼亞真正的民主	引導人民體會其重要性	為解決新問題採取的各種行動

或機關行號使用的語言，同樣充滿抽象概括、牽強的隱喻，以及教條式、過度考究又空洞的陳腔濫調。早在二〇〇九年，下議院公共行政委員會就發布一份報告，旨在遏制政府機構使用這種官僚語言，報告列舉以下實例，印證這種溝通形式不夠清晰：「總體國家改進策略將提高品質和績效，以策略意義重大的活動領域（例如勞動力和技術）之特定計畫為基礎」[26]。哲學家羅傑．斯克魯頓（Roger Scruton）也曾抱怨歐盟的體制性論述，他稱其為「歐洲官話」（Eurospeak），具有僵化語言的一切特質[27]。

然而，雖然有這些例子，但官方語言在當今政治論述中，不再像過去那樣發揮顯著作用。獨裁政權使用僵化語言的目的，是既要投射對社會狀況的樂觀看法，又要掩蓋事物的真實現狀。正因如此，角谷美智子（Michiko Kakutani）等作家都將其視為，當今遍布整個西方民主國家的後真相趨勢的前身[28]。但重要的是，僵化語言以前存在於不得公然反對威權地位的情況下（至今依然如此），這是社會的主流敘事，因為社會不認可另類的聲音。換句話說，極權政權使用的僵化語言與大型機構傳播部門愛用的官方語言之間，有根本的區別：前者不能在公共場合受到批評或嘲笑，這就是公共話語，有任何諷刺或顛覆意圖，會立刻被消滅。

雖然僵化語言在二十世紀可能不復存在（除了北韓漁業仙境之類的地方），但不代表混淆和迷惑人心的空洞語言不再是政治論述的核心。語言還是有辦法掩蓋現實，只是如今的運作方式略有不同。

反烏托邦小說

二〇一八年十月，傑瑞米．柯賓在下議院發言時說道：「他們正在醞釀的盲目脫歐，像是一座絕路橋、不顧後果的行動。」[29]很難再想出另一句話，能夠套用那麼多隱喻，同時又那麼貼切。這句話出奇地吻合英國脫歐「辯論」的精神，此事件的特點，正是出現越來越多離奇的隱喻形容。

在此之前三個月，德蕾莎．梅伊（當時還是首相）被自己同黨的一位國會議員安德莉亞．詹金斯（Andrea Jenkyns）諷刺問道，她是否可以「明確告知眾議院，從什麼時候開始英國脫歐會變成續留歐盟（*Brexit means Remain*）？」[30]這嘲諷是針對梅伊在出任英國脫歐時代首相的目標宣言中，曾發表英國「脫歐就是脫歐」（*Brexit means Brexit*）[31]。經過幾個月之後，英國脫歐還是沒有詳細的政策制定，人們開始感覺這可能是空口說白話。兩年之後，仍然是一個流行口號，儘管這是黨內右翼人士有意催促她行動所說。安德莉亞．詹金斯不僅以「英國脫歐變成續留歐盟」做為嘲諷，而雅各．芮斯-莫格（Jacob Rees-Mogg）在駁斥契克斯協議時（亦即梅伊首次明確制定的〈英國脫歐政策白皮書〉），誇大地宣稱這將導致：「自一二〇〇年約翰國王在〈古勒特條約〉（*Le Goulet*）臣服於法國的菲利普二世以來，最大的附庸」，並以#BrexitmeansBrexit的標籤做為挑釁結尾[32]。

就語法來說，英國「脫歐就是脫歐」是一種恆真句（tautology）：表達了一個必然真實的命題。雖然從嚴格的語義角度來看，恆真句很空泛，但是它在語用上的效果卻很強大。在修辭學上，梅伊的口號直截了當，表示事情已成定局，不用再爭辯了。至少，對於英國脫歐的實際意涵達成共識。

在缺乏具體定義的情況下，對英國脫歐含義的爭論大多以隱喻法進行。隱喻與恆真句幾乎完全相反，隱喻不是透過自行定義來解釋某件事，而是結合兩個不同的事物而產生意義。隱喻可以利用熟悉事物，來理解某些不熟悉之事，碰到定義不明或含糊的概念，隱喻可以塑造我們對此概念的看法。認知語言學研究表明，隱喻是我們了解世界不可或缺的一種方式。正如語言學家喬治．萊考夫和馬克．詹森（Mark Johnson）所解釋的，「隱喻思維是促成抽象科學理論實現的原因……因此，我們的許多推理都是隱喻性的」[33]。

那麼，用來描述英國脫歐的隱喻法真有助於澄清概念嗎？這些隱喻當中是否潛藏可以揭示整個曲折過程的方式？這種爭辯對震盪的政治事件有什麼啟發？

在早期的討論中，最普遍的英國脫歐隱喻是「軟」和「硬」之間的區別。從最基本的意義來看，前者意味著繼續保持單一市場和／或關稅同盟的成員身分，而後者則不。問題是這兩個字並非單純描述，也為兩種脫歐方案指定了不同的價值，形塑截然不同的框架。正如威廉．戴維斯在《紐約時報》所寫的，「任何想表現男子氣概的人都會選擇『硬脫歐』選項」，而事實上沒人真正清楚這在政策上的實際內容是什麼[35]。

隱喻語言框架一直是英國脫歐討論的核心。「硬」和「軟」是指兩種不同類型的結果，而另一種經常使用的脫歐隱喻是「一刀兩斷」（*clean-break Brexit*）與「懸崖邊緣式」（*cliff-edge Brexit*），二者均指相同的結果，都表示沒有達成任何協議就脫離歐盟。然而，一個隱喻是積極正面的表述，而另一個則認為此舉是個災難。二者都不是純粹直接的描述，都是刻意設計來操縱情感的語言。

當然，政治上很多事都與實際細節無關，而是具象徵意義的。英國脫歐之戰從一開始就是象徵性的爭議，顯見於許多的英國脫歐隱喻中，大多採用與政策影響無關的一貫敘事，如愛國主義和民族認同，當中包括德蕾莎．梅伊的「紅、白、藍英國脫歐」（*red, white and blue Brexit*）[36]，和鮑里斯．強森的「全面英式脫歐」（*full British Brexit*）[37]，兩種說法都只是再次重申脫歐以英國福祉為重，說穿了，就是同義重複的隱喻。

英國脫歐隱喻最大的類別，是那些與「壞事」或「好事」相關的隱喻。其中包括雅各．芮斯-莫格所謂的「懲罰式英國脫歐」方案，亦即「我們還是留在歐盟，只是沒有正式名分」[38]；或歐洲研究小組的「世上最糟糕的黑洞式英國脫歐」[39]；還有「火車相撞式的英國脫歐」[40]；以及鮑里斯．強森擔心的「如捲筒廁紙的英國脫歐」，最終變得「柔軟、易屈服、看似沒完沒了」[41]。然而，當大衛．戴維斯（David Davis）向民眾保證脫歐不會導致英國「陷入如同反烏托邦式電影《迷霧追魂手》❷（*Mad Max*）片中的未來世界」，反倒點出了最悲觀的遠景[42]。

儘管上述一切是由支持英國脫歐的政治人物提出，卻為脫歐過程帶來了持續的負面印象。這些原本只是警告之意，但誠如上一章所討論的，一個概念的敘事框架非常重要，否定此一框架實際上正好強化了它。宣示英國脫歐「不會」讓國家變成反烏托邦的荒原，我們腦海中浮現的正好就是這個隱喻的意象。

即使原意是要將英國脫歐比喻成積極事件，這種隱喻也有些矛盾。例如，雅各．芮斯-莫格將脫離歐洲比喻進入天堂，但是他承認，要到達那裡，我們需要經歷一個煉獄般的過渡時期，這聽起來並不令人安心。還有

❷ 描述末日的澳大利亞，供應全球的原油耗盡，能源短缺致使法律與秩序開始被打破。未來世界幫派分子無法無天，為妻女報仇化身為正義使者的麥斯，騎著馬力十足的機車，與惡徒展開生死決鬥。

鮑里斯．強森模稜兩可地預測英國脫歐將「有如鐵達尼號般的成功」[42]。

事實上，最後兩個例子很適合納入存在主義的隱喻類別。同屬這一類的隱喻，還有記者菲利普．柯林斯（Philip Collins）的「薛丁格❸的英國脫歐」概念（*Schrödinger's Brexit*）[43]，以及保守黨議員查理．艾爾菲克（Charlie Elphicke）將工黨的英國脫歐計畫比作「逃不出的加州旅館」（Hotel California）歌詞當中的「我們可以退房，但永遠無法離開」[44]。

這一切讓我們想到鮑里斯．強森辭去外交大臣職務時，對現狀的評價[45]，他抱怨說，梅伊政府當時倡導的是「有名無實的脫歐」（*Brino*，亦即*Brexit in Name Only*）[46]。換句話說，經過了兩年的談判，儘管不斷地重申英國脫歐就是脫歐，此術語及所指的目標仍然像是冷淡疏遠的陌生人，看不到快樂和解的前景。

這場比喻之戰最值得注意的是，完全在修辭上做文章，全是不同黨派一系列的嘗試，企圖將敘述和價值觀強加於概念之上，反而很少關注實務細節和政策。這些隱喻的生動性、以及與充滿戲劇性隱喻對立的操作方式，使脫歐過程變成了國家道德觀的衝突，對於外交和政策所牽涉的複雜和細微之處，卻毫不在意。再次證明簡單的故事（或脫歐事件當中鮮明的

---

❸ 薛丁格的貓是奧地利物理學家薛丁格一九三五年所提出的量子力學實驗，以箱中的貓為實驗對象，由於原子狀態有不確定性，最後貓是生是死也不知道，只有最終打開箱子查看時，事情才有定論，此處引喻執行脫歐的結果要試了才知道。

比喻）削弱有效政治的實際運作。

文字解讀遊戲

整個過程的混亂之處，似乎不僅僅是英國「脫歐就是脫歐」這個部分讓人民感到困惑，過程中某一個時期，「意義」一詞的真正含義，也經歷了痛苦的政治折磨。就在鮑里斯．強森論及「如捲筒廁紙的英國脫歐」之際，國內議題辯論主軸是，針對最終的英國脫歐法案（亦即英國二〇一八年歐盟〔退出〕法案第十三條），國會議員是否有權利進行所謂的「有意義投票」（meaningful vote）[47]。在此情境之下，「有意義」代表的是，如果議會對於最終的協議不滿意，將有權投票否決該協議，換句話說，投票實際上有機會改變結果。這種投票方式相對於其他類型的投票，就變成毫無意義。最後，呼籲進行「有意義投票」的國會議員投票反對了自己的修正案，注定了整個令人費解的過程得繼續下去，沒人真正了解件事意義何在。儘管在稍後的階段，「有意義投票」再次成為過程的一部分，事實上，最終也進行了一系列議會投票表決，但是一直到最後，人們仍在爭論這些決議對事態發展會有什麼影響。

就在英國國會議員大玩「有意義的」文字遊戲同一週，美國也出現更多邪惡的語言操作。事實上，從二〇一八年六月十八日至二十四日的那一週，幾乎每天都看得到操縱語言的例子，說明了政治基本上就是攸關說服和脅迫，而那些精於操弄的政客，會利用一切可能的資源來達到目的。

在美國，這週的主要議題是，在南部邊境尋求庇護的父母與孩童被強制隔離的政策醜聞。爭論的焦點之一，是如何描述被迫與父母拆散而拘留的兒童收容所。例如，保守派電視節目《福斯與朋友》（*Fox & Friends*）的主持人史蒂夫・杜西（Steve Doocy）辯稱，嚴格來講，拘留孩童的鐵絲網建物並不是牢籠，有關當局只不過是「用鐵網圍欄來建造圍牆」[48]。

川普政府的這項政策受到強烈抨擊，另一位福斯新聞記者蘿拉・英格拉漢（Laura Ingraham）隨後護航反駁，認為拘留中心「根本就像夏令營」或是「寄宿學校」[49]。對於不同黨派的反對人士來說，這些設施倒成了另一種截然不同的「營房」。安德莉亞・皮策爾（Andrea Pitzer）在《舊金山紀事報》（*San Francisco Chronicle*）撰文寫道，認為他們「顯然置身於傳統的集中營中」[50]。一年之後，有關是否使用「集中營」一詞來形容拘留中心的爭議再次爆發，因為被拘留和關押的移民者困境又再次成為新聞焦點[51]。

不僅只是媒體機構操縱語言，試圖影響人們對於事件的看法，這種敘事框架令人震驚的實例來自美國政府本身，將拘留中心描述為「稚齡」（*tender age*）庇護所[52]。此處使用*tender*一字據說意指拘留者的年齡，但更廣泛的含義似乎在暗示庇護所本身是兒童呵護計畫的一部分（與「非法」和「外國人」並列描述有相同作用）。正如語言學家約翰·麥克沃特（John McWhorter）所寫的，「這種語言企圖掩蓋這些困惑的孩童被關在拘留所中的殘酷事實」[53]。這是雙言巧語（doublespeak）的最佳實例：使用委婉的語言企圖掩蓋事件的真實本質。

上述事件是在當週還未到中點之前發生的。六月二十一日星期四是夏至，對於未來的歷史學家來說，可以用這天發生的兩個新聞故事來定義這個時代許多特質。同樣的，在這兩種例子中，故事本身不如報導的方式來得重要。

在英國，政府終於宣布目前居住在英國的歐洲民眾，脫歐後的法律計畫。公投結果出來之後，根據歐盟「自由行動」法律，合法居住在英國的近四百萬人，突然對未來的居留權產生了疑問。政府在七月二十一日宣布的計畫中，包括在英國居住五年以上的人，經過註冊、並繳交行政費用之後，就可以獲得所謂的「定居身分」。換句話說，只要完成一些官僚程序，他們在英國的合法居住權將得到保障。隔天早上，右傾媒體的頭版報導如下：《每日郵報》的頭條標題是「三百八十萬個歐盟移民獲准留在英國，這比估計人數多出六十萬，他們還可以帶家屬來」[54]。《每日快報》（*Daily Express*）寫道：「他們留下，你們買單。移民續留到二〇二一年……而你們去參觀歐盟得花五十英鎊。」[55]《每日電訊報》（*Daily Telegraph*）推斷：「英國脫歐之後，將有四百萬歐盟國民有權留在英國，暴力犯罪分子可能就在其中。」[56]

這項決策只是為了保障已經在英國合法居住的人民權利，而這三則頭條標題中，卻以一種微妙的（有些是很直接的）措辭，激起人們對此事的憤怒。使用「獲准」這類的動詞；使在英國的歐洲公民與「暴力罪犯」之間莫名其妙產生關聯，除此之外還讓人聯想可能湧入更多移民。一旦英國退出歐盟自由行動政策，去歐洲旅行將收取簽證費用等等，新聞媒體繼續妖魔化歐洲和整個移民的敘事。

同一天的美國，主導新聞事件也許不算重要，但絕對更荒唐離奇。這是關於梅蘭妮亞．川普（Melania Trump）的外套事件，當時，第一夫人去探視移民兒童，由於她丈夫的政策，這些孩童在墨西哥與德州邊境被迫與父母分開，拘留在上述的「稚齡庇護所」中。此行往返途中，她被拍到穿著一件綠色夾克，背面印的口號是「我真的不在乎，你呢？」（*I Really Don't Care, Do U?*）。不出所料，這個訊息引起媒體大量的揣測。

關於此事件的後續發展，簡短的時間表如下。在社群媒體上引發軒然大波後，第一夫人的發言人試圖澄清問題，很快地推文表示這只是一件無關緊要的小事。「如果媒體願意把時間和精力花在報導她幫助孩童的行動和努力，而不是專注於猜測她的衣著，我們就能為孩子們做更多的事。#SheCares（她在乎），#ItsJustAJacket（只不過是一件夾克）」[57]。

大約兩個半小時後，她的丈夫提出了不同的解釋，他在推特上寫道，「梅蘭妮亞夾克背面上的文字『我真的不在乎，你呢？』是針對假新聞媒體。梅蘭妮亞領悟到他們是多麼不誠實，她真的再也不在乎了！」[58]

此時，這件外套的口號已經變成了迷因，一位推特用戶將REALLY DON'T CARE的文字替換成VOTE IN NOV（十一月投票）[59]，另一位則建立了資助網站http://ireallydocare.com，供人們在此捐款給各種不同的移民支持團體[60]。

到當天結束時，諸如BBC之類的新聞機構都特別報導此事，提供各種可能的解讀，從「她真的不在乎」到「只不過是一件夾克」[61]。其他媒體則發表文章「我們對於梅蘭妮亞·川普服裝穿搭的了解」，其中主要是拒絕為她服務的設計師名單[62]。同時，在德州邊境一個小鎮舉行的「停止家庭分離」集會上，修改過後的夾克口號已成為最受歡迎的抗議標語[63]。

政治歷史學家也參與了這場辯論。例如，喬瓦尼·蒂索（Giovanni Tiso）認為，「我真的不在乎」這句話可能有歷史淵源，與墨索里尼採用的義大利口號 *me ne frego*（我不在乎）有關，並被當成「法西斯主義的明顯特徵」[64]。《紐約客》的特洛伊·

帕特森（Troy Patterson）則認為，這件夾克是「和早期法西斯主義最重要的關聯」之一[65]。

儘管有這麼多的想法和揣測，對於此標語最初意圖為何、是否真的有某種含義，都沒有達成共識。雖然，抽象地討論語言和現實的關係時，這種不確定性也許是件好事，但這裡具體的問題是，移民兒童遭到拘留並與家人分離的困境，顯然更嚴重。就個性化服飾而言，此標語就是表達不在乎之意。然而，如果沒有經過反覆質疑、解釋和澄清，以確定文字所要表達的最終意義，這句話只會眾說紛紜，莫衷一是。幾個月之後，梅蘭妮亞．川普才表示，這的確是要向「批評我的左翼媒體」傳達的訊息[66]。

最值得注意的是，像這種煽動性的言論模式，隨後激起可自由發表意見的爭論，已經成為政治溝通的固定手法。例如，鮑里斯．強森將穿著傳統穆斯林長袍的婦女比擬成郵筒的評論[67]，或是將德蕾莎．梅伊的脫歐提案比喻成自殺背心[68]，主要是想利用這類陳述語言意義多變的本質。結果就是，造成實際核心議題的討論失焦，變成文字解讀的過場戲了。語言再次被用來混淆視聽，而非澄清問題。

廉價的熱度

要挑起這種文字解讀的戲碼，當然一定得要媒體上鉤才行。碰巧的是，過去幾年已經發展出一種特定的新聞型態，非常適合這個目的。

麻辣觀點（Hot take）一詞描述，針對重大事件即時反應出簡短、挑釁的評論，通常著重於道德說教，但不太在意事實或細節之處。這種現象在過去幾年一直不斷持續蔓延，使政治辯論變成立場鮮明的對立，強調情緒化勝過於詳細推理論證，妄下斷語，只是為了吸引注意力。

麻辣觀點是眾多「意見市場」的一部分，需要立即快速反應，以吸引別人的關注及迴響。麻辣觀點的經典公式，是把火力集中在有普遍共識的事情，然後再宣告「真正的醜聞」其實是另一回事。同樣的，衝突是關鍵特徵，在此情況下，是透過鼓吹反對主流正統或普遍共識而引發的衝突。麻辣觀點提出的論點幾乎過於非正統，令人難以置信，並在發展的敘事結構中形成原型逆轉，有如情節轉折，但多半是無緣無故發生的。換句話說，是激發爭論的點擊誘餌（clickbait）❹。

隨便舉一個例子：二〇一七年有新聞報導指稱，儘管英國脫歐會造成經濟衰退，自己的家人和朋友可能會失業，但那些投票支持脫歐的人仍然堅持這項決定[69]。對此，《*Spiked*》雜誌宣稱，「支持脫歐的選民，願意為英國脫歐忍

---

❹ 點擊誘餌意指利用聳動標題、賣點等等，來達成吸引讀者點閱文章的目的。

受經濟困難，此一事實令人振奮」[70]。失業和經濟困難表面看來是一件壞事，但實際上證明了堅定的國家自豪感。

當然，沒人會自稱所寫的內容是「麻辣觀點」，這個詞只有貶損之意，旨在詆毀他人文章（通常是和你意見相反的人）是愚蠢的、聳動煽情的、或堅持己見的。自己寫的內容則是經過深思熟慮、平衡的評論，對國家論述有重要的貢獻。

*Hot take*一詞起源於美國的體育評論，在二〇一〇年代初期才跨向政治領域。根據《韋氏詞典》，*hot*（辛辣）一字暗示「強烈又直接的興趣」[71]，而*take*（觀點／看法）的概念則稍早一些，可以追溯到一九七〇年代中期，《牛津英語詞典》將其定義為「個人對於某人、事物；情況的解釋或評估；看待或理解某事的特定方式」。

評論在發展過程中，一開始認為每個人的意見都值得尊重，然後隨著社群媒體的出現而被放大。正如記者約翰．赫爾曼（John Herrman）所指出的，「『意見』傳播工具的巨大民主化」。例如推特，「誘騙出以前只在酒吧和飯廳表達的私人意見，如今赤裸裸地攤在陽光下」[72]。可能是社群媒體的推波助瀾，使平凡普通的「意見」轉變成「麻辣觀點」。隨著越來越多的意見湧入網路上，大家想盡辦法吸引他人關注，提出能夠在無數意見中脫穎而出的個人觀點。因此，人們追求時效和聳動性，同時設法讓自己的觀點夠辛辣勁爆。

幾年前有一種感覺，麻辣觀點即將式微，它的時代已經過去了。二〇一五年四月，艾爾斯佩斯·里夫（Elspeth Reeve）為《新共和國》（*New Republic*）雜誌撰寫關於麻辣觀點的綜述，她採訪的一位記者認為，這個現象只剩下「幾個月」的時間[73]，反彈情緒開始出現了。然而，這個預測被證明為時過早，幾年後，依然很強大。

不難理解麻辣觀點為什麼持續流行。首先，二〇一六年美國選出了一位本身話題性十足的總統。川普大部分的溝通策略，都是按照麻辣觀點的公式來進行，直言不諱、過度誇大的聲明、充滿對立和挑釁意味、對證據或真理毫不在乎，一切都以「言之鑿鑿」的態度來表達，提供大膽的常理，以突破令人窒息的政治正確爭辯。

再來就是英國脫歐事件，不僅引發無數的麻辣觀點，也具有推動脫歐發展的許多基本特質。投票本身就是建構在對立之下，提供黑白分明的選項，這當然也是大多數全民公投的本質。然而，使這事件情況惡化的原因，是必須在（沒人真正滿意的）現狀和完全抽象的概念之間做出選擇。二擇一的方案背後缺乏細節，因而導致情緒化且非理性的辯論，憑藉的是口號（更別提大量的隱喻），而不是專業知識，脫歐創造了一種真空環境，吸納了許多意見，而這些意見表達主要目的是引人關注，而非提供解決方案。

除了這兩個因素之外，社群媒體對政治溝通的影響力，還可能不斷擴大，對麻辣觀點的流行影響最大。如今媒體的基礎結構，及其與政治的關係，都大力鼓吹這種報導方式。由於「用戶參與」產生了收益，因此，觀點勁爆的故事可以吸引那些認同和反對此內容的人士參與，前者將欣賞此觀點明智的判斷，後者會嘗試反駁或抱怨。正是這個模式，使麻辣觀點與煽動網路假訊息並行不悖，成為當今另一個重大的政治溝通危機。

第9章
網路假訊息

與政治敘事的風格和結構同樣重要的，是敘事的傳播方式。大眾媒體一路以來，在政治中扮演著重要角色，每一種媒體新科技，都會讓政治參與者設法利用，為自己謀取利益，同時拼命保護自己，免受對手藉此攻擊。隨著數位革命和社群媒體的創新速度加快，這個過程在過去幾年不斷加速發展，速度之快，使人們越來越擔心西方政治制度無法應付，也害怕現代通訊技術被操縱而破壞民主發展。究竟如何操縱它們來破壞民主？其實，只要讓公共論述充斥大量荒誕和虛構的敘述即可。

雙面民主

在推特上盛行的眾多子類型之一，就

是所謂的「諷刺詞典」（satirical lexicography），亦即定義在政治中經常出現的詞彙，以突顯使用方式的荒謬性。例如，以下是喜劇演員大衛．施奈德（David Schneider）針對德蕾莎．梅伊在《每日電訊報》一篇文章中使用的「民主」一詞所下的定義。梅伊的文章標題宣稱：「英國脫歐不會有第二次全民公投，否則將嚴重背叛我們的民主制度」[1]。這一切都是無休止的口水戰，其中公投結果所代表的道德含義，常被當成修辭手法，來抵擋敵對的政治論點。在回應梅伊的聲明時，施奈德深思說道，在此情境下，「民主」的意思似乎變成一種極端的詮釋，「針對過分簡化的公投問題，產生差距極小的民意結果，此事的後果仍是未知數，而獲勝一方顯然違反法律、欺騙和撒謊」。他認為，按照這種邏輯，「現在看清了問題所在，希望人民做出最後的決定（意指二次公投）」反倒變成了「不民主」[2]，所謂民主還是得尋求人民的表決，但只有在全民困惑和欺騙迷霧籠罩的表決才算數。

「民主」一詞與網路之間的關係由來已久。在網路文化發展初期，有許多關於網路如何導致媒體民主化的相關討論。這個詞在此脈絡之下是隱喻的，和選舉政治或統治制度沒有特別的關係，而是指參與公眾辯論。網路使人人都能上網路論壇發表個人的看法。有了這些可能性，按照時代的樂觀邏輯推測，那些被傳統媒體所邊緣化的公民，現在有機會在論壇上發聲。不僅如此，他們也更容易建立群組，將孤立的意見轉變成社區行動。這是一個大好機會，實現更具包容性的政治，更好地反映社會的廣度和多元化。

後來很快就發現，參與並不等於實際擁有發言權。和傳統媒體非常相似的權力和影響力模式，也被複製在網路世界。網路平台也和傳統媒體一樣，在經濟和政治上仍然具有影響力。沒錯，等式已經稍有改變，尤其是對基層團體可能產生的影響，但最終金錢和權力還是勝過一切，以至於在二〇一〇年代後期，原本認為網路會成為民主擁護者的想法，如今變成斷言數位科技（尤其是社群媒體）將嚴重威脅民主理念。科技很有可能破壞自啟蒙運動以來延續的自由民主制度，而這場危機是由一連串複雜問題和爭論所引起的，一切皆與「假新聞」一詞緊密相關。

這種「危機」的根源，簡而言之，我們對世界的認知和理解有兩個主要來源。第一個是直接經驗：我們個人的經歷、以及自己親眼觀察到的事物，包括所觀察到的鄰近社區居民的經歷。我們對這些個人經歷的理解，部分是由於先天的認知能力（大腦的構造方式），部分是由於在成長過程中培養的文化習俗和價值觀（其中許多是教育結果）。這些文化價值形塑我們對事件觀點的特定框架，也是我們詮釋和理解個人經驗的部分機制。

但是，直接來自個人經驗的知識，只是我們對世界整體理解的一小部分，其餘都是間接知識，經由我們所認識的人，或透過報紙、書籍、電視和網路上閱讀查看的內容所得知。這種間接知識不是世界的原始資訊，而是經過中介者處理和包裝過的資訊。在當前的媒體生態系統中，通常牽涉到多層的處理和包裝：從公關公司、帶輿論風向的專家、到社群媒體上的新聞組織和評論員，所有資訊的選擇、塑造和簡化，通常都有特定目的考量。

我們會自行判斷什麼是公正的媒介、什麼是操縱或宣傳。當然，對新聞有特定的觀點（中介過程中不可避免的一部分）與明顯的偏見之間，公正或不公正的分界線，既不明確、也非不證自明。

在討論民主狀態時，這個分界線的本質變得十分重要。目前有兩個過程正在發揮作用，可能使問題變得更複雜。一、對傳統權威媒體資訊來源的質疑和詆毀；二、新的中介形式和過程對於製造輿論風向的影響力、及被有心破壞民主制度的人士利用，這兩種情況都令人擔憂。正如班克勒（Benkler）、法瑞斯（Faris）和羅伯茨（Roberts）所言，如果廣大選民「受到操縱，遭到更精細的外力干預，利用科學測試社會和認知心理學資訊，那麼，知性公民透過理性自治來協商民主的想法，就只是空想了」[3]。民主有基本規則制度，當人們使用新的隱蔽方式破壞這些規則時，會使整個制度處於危險之中。正因如此，「假新聞」現象成為當前迫切的問題。

竊取注意力

正如本章開頭指出的，好的政治故事不僅依賴結構和內容，也取決於敘事傳達的方式，甚至更重要的，是吸引受眾的能力。當然，媒體在此扮演著十分重要的角色，正因如此，「媒介化」（mediatization）成為現代政治很重要的一環，也就是媒體形塑政治論述的方式、以及大眾媒體如何塑造和影響政治體系[4]。

政治人物如何確保訊息有效傳達給目標受眾呢？傳統的做法是購買廣告，特別是針對國內政治。廣告是向大眾講述自己的觀點最保險的方式。除此之外，候選人的訊息大多透過新聞媒體敘述傳播，而媒體處理方式主要還是根據故事邏輯來建構。

如今，記者和評論家把競選活動變成一連串的事件，其中焦點大多集中在選民或候選人做的關鍵決策。這些關鍵點，如初選投票或預選決策會議的結果、民意調查的發布、辯論的行動和反應，在在推動戲劇性的情節發展。這些事件一旦發生，就會廣受討論和評估，直到下一個關鍵決策點出現。因此，我們每天都會詳盡地看到各個候選人的命運連續劇、以及他們政治經歷的變化與情感沉浮。

社會學家佛蘭西斯卡．波列塔認為，故事的力量來自於本身的複雜性[5]，這種複雜性源於一個事實，亦即故事需要解讀，這是其他溝通形式不太需要的。如果你提出一個論點，就會明確說明想要傳達的訊息。至於故事，觀眾自覺能自行詮釋，而且故事的意義比所描述的具體事件更深遠。換句話說，相較於特定論點，故事的意義比較不受拘束。

政治故事的敘述，是由許多不同的主體以多種方式呈現，而每一個敘事都是一種解讀行為，從人們衣著上的標語和符號、汽車保險槓的貼紙；從他們創造的迷因、使用的話題標記、到介紹和轉發貼文。在上述所有例子中，政治人物欲傳達的原始訊息，都經過分享者的信念系統過濾，可能會得到贊同、擴大引伸、重新利用、受到諷刺。受眾在溝通過程中絕非被動接收，要是認為他們會照單全收地消化政治人物的訊息，那就大錯特錯了。許多政治敘事都是透過持續對話，如政治人物與媒體之間、政治人物彼此之間、以及政治人物在社群媒體上與粉絲和批評者之間日益頻繁的對話。

幾十年來，這種毫不留情的過濾和解讀，一直是政治媒介化的關鍵因素。無論是新聞的敘事方式、還是新聞在現代文化的地位，就像政治一樣，逐漸走向娛樂化。電視新聞業在一九八〇年代經歷了重大的身分轉變，先是在美國，隨後在英國。以前，美國電視台的新聞節目每天晚上只有三十分鐘的播報時段，而在一九八〇年代，開始擴大為滾動式報導，透過增加評論和辯論來支撐客觀新聞報導。就經濟上而言，新聞已經從原本晚間節目時段，沒有賺錢壓力、純粹為公共利益提供服務，轉移成可能帶來高利潤的時段，必須詳細報導和詮釋當天新聞事件來創造收益。為了吸引大眾，報導追求戲劇化，需要包括意見和衝突來吸引目光。

吸引閱聽大眾的方法之一，是執著於過程和人物。新聞更關注權力鬥爭，而不是權力是否運用得當；對於個人政治及其戲劇性更感興趣，而不是社會政治及其衍生的議題。正如川普和英國脫歐陣營發現的，政治噱頭引起的憤怒越嚴重，就能搏得更多的媒體版面。如脫歐派廣告系列中，安迪．威格莫爾（Andy Wigmore）說的：「我是一個密探……我的任務就是製造衝突，負責說故事帶風向。」[6]

正因如此，科技作家芮內普．圖費奇（Zeynep Tufekci）認為，現今最重要的是點閱率，而不是資訊流通[7]。有些人尤其善用社群媒體，來吸引閱聽者的關注。正如圖費奇所言，畢竟，像臉書和推特這類的數位平台之所以賺大錢，都是透過「把用戶留在自家的網站和應用程式上，提供誘因滿足那些煽動憤怒、散布錯誤訊息、迎合受眾偏見和喜好的人」。傳統媒體隨後跟風，撿現成的網路爭議來報導，進而造成新聞資訊變成一連串嘩眾取寵的談論焦點。川普再次成為範例，不斷挑釁和爭議、出盡洋相，要新聞記者想不報導他都很難，他搶盡新聞焦點，一如記者阿曼達．卡彭特（Amanda Carpenter）所說，自川普宣布競選總統以來，每天都有追不完的新鮮話題[7]。

真相與謊言❶

烏克蘭電視節目《杜絕假新聞》（*StopFake News*）鼓勵觀眾互動，在家中一起參與每週的打假新聞賓果遊戲。根據該節目的宗旨，「過去幾年來，讀者已經注意到，幾乎所有關於烏克蘭的假新聞，都出現類似的模式，有關法西斯主義的報導，烏克蘭總統酗酒的故事等。與其放任他人抹黑打壓自己的民族特色，不如從節目網站上印出「來電者賓果卡」，仔細聽聽那些國內散播的駭人假消息，主題類別包括「少了俄羅斯的天然氣，烏克蘭將凍結！」、「烏克蘭在頓巴斯地區（Donbas）❷利用ISIS伊斯蘭戰士！」、或「歐洲歌唱大賽」等等。正如該節目所說的，乾脆就利用俄羅斯宣傳人員了無新意的陳腔濫調，把它變成本土的娛樂活動。

《杜絕假新聞》計畫被設定為事實查核組織。烏克蘭長期與東部強國的關係緊張，因此假訊息十分氾濫，這個計畫旨在提供一個論壇，藉此打擊與烏克蘭相關的假新聞傳播。《杜絕假新聞》每週播出一次，此節目與眾不同之處在於報導的新聞故事都是虛假的。事實查核人員會檢查每一則故事的事實情況，明確找出當中有誤導、錯誤、或完全不實之處，主要目

---

❶ 在此，作者引用奧森·威爾斯的作品 *F for fake* 為標題，中文片名為《贗品》，法文片名譯為《真相與謊言》。

❷ 頓巴斯是位於烏克蘭的武裝衝突區。

的是識別謊言，並透過新聞廣播揭露真相，而在家中的觀眾則希望填滿賓果遊戲卡。

《杜絕假新聞》最初成立於二〇一四年，也就是說，比起「假新聞」概念開始主導西方政治論述的時間，還早了兩年多。直到二〇一六年十一月，這個詞才真正在英語系媒體中流行起來，當時，許多媒體開始報導有明顯捏造的新聞在網路上流傳，在提及這種內容時，媒體引用的是記者克雷格．西爾弗曼（Craig Silverman）幾年前創造的術語：「假新聞」[10]。這個詞彙很簡單，似乎總括了這個不算新、卻突然竄起的現象。

雷蒙德．威廉姆斯在《關鍵詞》一書的序言中，回顧他注意到英語在二次世界大戰期間發生了某些變化。戰爭結束後，以前只有一種含義的單詞，現在的意義似乎略有不同。戰爭對國家文化造成了巨大影響，他認為，這波衝擊可以從現在人們的說話方式感受到。

正如本書前文討論的，文字含義總會隨著時間發展而稍微改變，這一點都不足為奇。例如，在喬叟時代，*girl*（女孩）泛指任何性別的孩子，*meat*（肉）是指任何非飲料的食物。在過去幾世紀以來，二者的意義都縮小了。有些文字的含義與過去的意義相反，曾經有段時期，*terrific*（棒極了）是*frighening*（令人驚嚇）的同義詞，意指任何會引起恐懼的事物。

但是威廉姆斯注意到的現象有些不同，基於對文字變化的直覺，他在書中提出的觀點：針對用來解釋和理解文化的一些基本術語，追蹤多年來意義改變的模式。書中記錄的大多數實例，語言和文化都經過數百年的發展，但是正如他開頭的例子表明，像戰爭這種破壞性事件造成社會動盪不安時，文字意義也可能在六年左右的時間內發生改變。就「假新聞」一詞而言，其含義的演變更加戲劇化，在短短三個月的時間裡，就發生了轉變和擴展，對當代社會影響深遠。

按照英語詞彙的標準來看，*fake*（假）這個字本身的歷史相對較短，一直到十九世紀才出現在語言中。動詞 *to fake*（假冒）一開始是竊賊的俚語，後來才發展出普遍的用法，最早的含義包括搶劫、傷害、殺害、以及篡改某些東西以欺騙他人。《牛津英語詞典》給出的第一個著名例子，出自一八一九年由一位被遣送到澳大利亞的罪犯編寫的「黑話」詞典，在與各時代的逃兵相關解釋中，此詞典寫道：「*to fake your pin*❸，暗指故意造成腿發炎，或切斷它，好像出意外似地，再祈禱得以藉此進入醫生的名單內。」

再回到二〇一六年。如我所言，這個詞的演變始於二〇一六年美國總統大選之前一連串虛構捏造的新聞報導。為此，許多政治評論家和公眾人物開始指責「假新聞」毒害民間言論和破壞民主[11]，最初，注意力集中在編造這

---

❸ to fake your pin = to feign illness or injury to escape work or military service，意指假裝生病或受傷以逃避工作或服兵役。

類故事以求取廣告收入的網站[12]，不久隨即引發辯論，對於這個問題，臉書和谷歌之類的高科技公司應承擔什麼責任。在此階段，「假新聞」的定義包含各種不同形式的錯誤資訊（misinformation）和虛假訊息（disinformation）。從完全錯誤的故事、到基於真實資訊但已被操縱或扭曲的故事、再到將統計數據等等以欺騙方式呈現的內容，亦即事實正確但在刻意誤導的情境之下呈現。

這一類的「假新聞」可能會帶來非常真實、極其嚴重的後果，這也正是全球如今面臨的問題。例如，葉米西．阿德戈克（Yemisi Adegoke）和英國廣播公司非洲之眼（*BBC Africa Eye*）進行一項調查，研究社群媒體如何傳播虛假訊息，因而造成二〇一八年奈及利亞的富拉尼族（Fulani）和貝羅姆族（Berom）之間的政治衝突，引發一連串的暴亂、襲擊和死亡[13]。網路流傳的暴力圖像，遭到不同社會派別的錯誤解讀，這正是引爆社區之間血腥報復的罪魁禍首。

在檢視任何單字的含義時，必須查看其語用情境：誰說的、何時說的、以及出於什麼目的，這正是文字帶來的文化力量。當「假新聞」演變至第二階段，受到政治右翼分子操弄時，更是顯而易見。二〇一六年十二月初，就在川普贏得選舉剛滿一個月時，他在推特上發文表示，關於他的一些媒體報導「荒謬且不真實，是假新聞！[14]」隨後在總統當選人首次的記者招待會上，他面對來自CNN記者的提問時，不屑一顧地回應說道：「你是假新聞！[15]」

在此階段，這個詞主要用於特定的、有爭議的事件，例如選舉期間民意調查離譜的結果，或是《時代》雜誌記者錯誤報導在川普進駐白宮橢圓形辦公室時，馬丁．路德．金恩的半身像已被移走[16]。然而，演變到下一個階段之後，假新聞一詞開始變成譴責新聞報導的藉口。如今，這藉口已經在政治上被廣泛採用，不只是敘利亞總統巴沙爾．阿塞德（Bashar Assad）用假新聞之說，駁斥國際特赦組織關於酷刑和大規模殺戮的報告[17]，幾乎在同一時間，英國工黨領袖傑瑞米．柯賓也用這個詞來駁斥他正考慮下台的說法[18]。

然而在此，川普是最粗暴的假新聞操作者，利用它公然譴責任何他不同意的事情，對於他執著的支持率，他推文聲稱「任何負面的民調都是假新聞」[19]。他的支持者也很快地如法炮製，例如，他的副助理賽巴斯蒂安．戈爾卡不想回答《新聞之夜》艾文．戴維斯（Evan Davis）的提問，令人印象深刻地喊出「你剛剛犯了假新聞過失！[20]」

這一切發展到最後，假新聞一詞開始被用來破壞新聞界的合法性。這個概念已被納入右翼的長期策略，亦即妖魔化「主流媒體」大多是菁英、高高在上、與普通百姓關注之事脫節[21]。一如拉什．林博（Rush Limbaugh）宣稱媒體「報導刻意欺騙觀眾」，同時「失去了道德權威」[22]，斷言新聞機構未能發揮實質功能。用自相矛盾的「假新聞」概念來形容媒體，等於攻擊其身分的本質，同時也從實際報導的內容轉移焦點。因此，在川普就職一個月後首次使用「假新聞」一詞，短短三個月的時間，其含義演變得真假難辨，反而成為明確的權力操弄工具。

改寫字典

二〇一七年初，川普就職數週之後，英國議會針對「假新聞」及其因應之道展開調查，當時描述為「日益廣泛傳播的現象……將來源不明或準確性不足之事視為事實」[23]。一年半後，當他們發表中期報告時，建議事項之一就是現在應該停止採用「假新聞」一詞，報告中寫道，這個詞「眾說紛紜，含義不清楚，也沒有一致的定義」[24]，故建議用錯誤資訊或虛假訊息等更恰當的描述來代替。記者和學者也都發出類似呼籲，例如，記者詹姆斯．鮑爾（James Ball）寫道，讓假新聞一詞成為歷史一事，「我們應盡一切努力使之……成真[25]。克萊兒．沃德爾（Claire Wardle）和侯賽因．德拉赫尚（Hossein Derakhshan）為哈佛大學蕭倫斯坦中心（Shorenstein Center）撰寫的一份有影響力的報告時，刻意避免使用這個詞，並指出我們需要「更有批判性的思考來使用的語言，以便有效捕捉該現象的複雜性」[26]。

建議停用這個詞彙的問題在於，這不符合語言運作的方式。想要策動更換已經在日常使用的詞彙，絕非易事。以停止使用「榮譽殺人」（honour killing）的遊說運動為例，對許多人來說，這個詞有為特定類型的謀殺道德辯解之意[27]，儘管多年來，人們一直努力避免使用該詞，但它仍然是日常詞彙的一部分。

正如英國議會和其他相關主題報告的解釋，避免使用假新聞一詞，有幾個很重要的理由。首先，完全捏造的故事（亦即掀起「假新聞」熱潮的那些）只是影響現代媒體的一個很小的因素。畢竟，在主流報紙、極端黨派的部落格、和極端主義網站上，誤導性報導早已司空見慣。再加上充斥假訊息的迷因正流行、陰謀論節目的主流化、以及數據濫用和宣傳等邪惡因素的結合，你會發現，實際的假新聞只不過是冰山一角。此外，這個詞本身已成為一種強大的宣傳工具，套用克雷格·西爾弗曼的話，變得無所不在、令人困惑至極[28]。將假新聞從字彙庫中刪除，並重新開始，會讓大眾對政治、真相和媒體有更健康的對話。不幸的是，這幾乎不可能。困難之處在於，這個詞已成為當今文化的一部分，就算試圖由上改變人們的使用方式，也不可能產生太大影響。即使一些學者、新聞工作者和政策制定者決定採用不同的詞彙，並不代表全體人民也會照辦。

這個詞之所以保留下來，最重要的原因之一，是它引用了構成現代政治的兩種主要敘事。第一個是關於網路科技促進錯誤訊息的傳播。針對這種敘事，「假新聞」象徵著許多不同的因素，大部分集中在人類與科技的關係。民主受到科技突飛猛進的威脅，最終人類無意間將自由拱手讓給機器的故事（儘管機器目前是被無情的政客和外國勢力所利用）。這是社群媒體如今在人類生活中，扮演重大角色意外衍生的副產品（雖然並非不可預測）。成為僅次於氣候變遷，人類最迫切需要解決的問題之一。

另一個同樣強大的原因是，普通公民被腐敗和自私的菁英所制約。這個故事在川普競選和擔任總統期間，都曾發揮巨大的作用，他把自己塑造成為一個直言不諱的局外人，直接向政治機構及其腐敗的新聞媒體盟友宣戰。這種敘述在本書中已經一再提及，而且早在「假新聞」一詞開始流行之前，就已經廣為人知，因此這是一個將假新聞變成故事的簡單步驟。

因此問題在於，即使英國政府、臉書和媒體都決定不用假新聞一詞，改換其他描述性更強的術語，並不代表它會逐漸消失。這兩種敘事反映出當前政治令人憂心之處，而假新聞一詞已成為喚起二者的捷徑。如果政治只是單純識別社會基礎設施中的複雜性，並制定政策解決它們，那麼是的，換一個更嚴謹的術語會更好。然而，政治還牽涉到說服力和權力鬥爭、論述修辭、公眾輿論和宣傳，在這方面，如同許多資訊誤導和造遙的策略一樣，假新聞一詞本身就是個強大的工具。

第四部

虛構故事與現實世界

第10章
現實的結構

一九八四年，一名叛逃到加拿大的前蘇聯國家安全局（KGB）特工接受電視專訪，揭露蘇聯使用的宣傳策略操作手法。尤里．亞歷山卓維奇．貝茲梅諾夫（Yuri Alexandrovich Bezmenov）解釋說，持續不斷的假文宣，不是要使人接受特定的思維方式，真正的目的反而是，利用無止盡的混亂和矛盾資訊來轟炸目標，直到對方因無法評估真實訊息而「喪失鬥志」，事實變得一點都不重要，即使提供了資訊、真實證據、文件、圖片……對方也會拒絕相信[1]。

「假新聞」現象似乎有這種效果，透過現代社群媒體、傳統媒體演變的性質、民粹主義運動及其支持者的激進宣傳策略等混合因素。正如記者馬克斯．雷德（Max Read）在《紐約》雜誌的一篇文章中所說的，消失在網路上的不是「真相」，而是「信任」：確信所看到的人和事代表真實的那種感覺。[2]

有跡象顯示問題其實比這更嚴重，不只是攸關假新聞衍生集體憤世嫉俗，而是對一些人來說，表面現實如今有如一場偽裝騙局，現實本身被視為精心設計的小說，由當權者建構和演出，以掩蓋現代政治的真實本質和目的。在過去幾年中，一套完整的詞彙已發展成主流，記錄下這種詭計的不同元素。

栽贓行動

康乃迪克州的桑迪胡克市（Sandy Hook），二十名小學童和六名成人遭到屠殺，這是美國有史以來最重大的槍擊事件之一。即使在與槍枝相關的謀殺事件頻傳的文化中，許多受害者只有六，七歲的這個事實，尤其令人震驚。肇事者是一名二十歲男子，名叫亞當．藍札（Adam Lanza），他當場自殺身亡。事發兩年之後，兒童權益保護辦公室發布的官方報告是，他的行為是精神健康惡化、執著於破壞性的暴力行為、以及致命武器容易取得共同造成的結果[3]。

悲劇發生在二〇一二年十二月十四日。一如往常，極端和意外事件突然發生時，初期的報導常會搞不清楚究竟發生什麼事。立即有一小群人編造該事件相關的故事，旨在反駁官方報導。媒體報導的發展方式、即時新聞插播造成的混亂和矛盾報導，被一些人利用做為掩蓋事實的證據。意外發生一個月後，有一段被上傳到YouTube的半小時影片，觀看次數超過一千萬次，影片聲稱要揭發這個故事的真相[4]，表示整起槍擊事件是由當局策畫的，是「新世界秩序全球菁英主義者」運動的一部分，他們想破壞美國人民的基本自由。

關於陰謀幕後主使者是如何策畫這件事的，有各式各樣的假設。有一個說法，是兇手心智被操控而執行殺人行動。廣播電台主持人和保守派政治評論員拉什．林博推測，事實上這可能是世界末日將近的結果，畢竟，這一切恰好發生在瑪雅預言世界末日的前一週。林博在他的節目中表示，藍札某種程度上「確信世界將在星期五結束，他為此感到困惑不安」[5]。有人謠傳說，藍札的母親是個末日準備者，隨時準備好因應世界末日緊急情況的眾多活命主義者之一。林博表示，基於這種信念，她曾向兒子展示過槍枝，「他到了那裡，做了這件事，或許想藉此宣洩壓力、或拯救人們免於面對末日」。

林博在此宣傳的思想是當今社會主流思潮之一，認為當代社會存在根本的分裂，這種分裂不是左派右派、不是保守派與自由派，也不在傳統主義者與革新主義者之間，而是現實表象與背後真相之間的斷裂，是介於媒體報導的內容和隱藏未報的事情之間，介於政治正確的思維和人類真實本性之間的裂痕。

這種表面現實結構斷裂的想法，是二十世紀後期發展思潮的怪異扭曲。根據哲學家保羅．里科的說法，佛洛伊德、馬克思和尼采可說是影響二十世紀精神生活至深的三位人物，都在作品中表達日常經驗是虛幻的觀念[6]。他們三個人的基本思想是一樣的，關於個人和社會動機以及世界如何運作，實際真相是看不見的。我們的思維及理解生活的方式是扭曲感知的結果。為了了解實際的真相，我們需要新的方法來解釋一切，包括意識的本質、政治和經濟制度的影響、乃至於對權力和道德的理解。里科將之稱為「懷疑詮釋學」（hermeneutics of suspicion），試圖透過詮釋過程來揭示隱藏未知、但構成人生經驗的意義。不知何故，懷疑詮釋學一個非常粗糙和簡化的版本，卻已經滲入現代政治角力當中。

關於「桑迪胡克騙局」的虛構敘述，出現各種不同觀點的版本，強大的菁英勢力策畫這起屠殺事件，包括政府（當時是歐巴馬政府）、槍枝管制團體、或光明會等組織。按照此邏輯，整個事件就是一個「假旗行動」（false flag），這個術語來自海盜船懸掛敵人旗幟以掩飾行動的手法，如今被用在衝突中祕密攻擊自己人然後嫁禍給敵人的策略，以此做為向敵人發動攻擊的藉口，或者像這槍擊事件的說法，為引入強制性的國內立法創造一個藉口。

在桑迪胡克的案例中，指控的說法是，這場悲劇是由政府陰謀者與媒體合作策畫演出的，目的是為了讓槍枝管制和政府監督方案獲得公眾支持。許多版本的相關敘事，甚至說這場悲劇中喪生的孩子，根本不是真的，或早已被轉移到祕密證人保護計畫中。

電視報導中出現的受害人家屬和當地居民，顯然全都是收費的臨時演員，被政府僱用來參與這場騙局。

政治臨時演員

在莎士比亞的《凱撒大帝》（*Julius Caesar*）中，卡修斯（Cassius）密謀推翻凱撒日益嚴苛的暴政，他想出了一個計策，要讓有影響力的布魯塔斯（Brutus）和他合作。

今晚我會
將不同筆跡的信件，扔進他的窗子，
有如來自幾個公民，
信中都表達了羅馬人民

對他的崇高敬意；同時隱約暗示
凱撒不合宜的野心：
此後，且讓凱撒坐穩了；
因為我們將推翻他，否則日子必定更痛苦[7]。

卡修斯向布魯塔斯發送了很多封信，每封信看起來像是來自不同公民的心聲，讚揚布魯塔斯的名聲和人格，同時暗中詆毀凱撒的名譽。

二〇一五年《好萊塢報導》（*Hollywood Reporter*）披露，紐約一家名叫Extra Mile Casting經紀公司發送一封電子郵件，為川普的大型集會召募群眾演員[8]。信中寫道：「本次活動號召『希望美國更強大的人民』……我們希望參加活動的人穿著T恤、舉著標語，為川普歡呼，表示支持他的宣布參選」。

卡修斯和川普競選團隊的操作手法，稱為「草根行銷」（astroturfing），也就是購買外部支援來營造基層群眾支持的假象。這是一種行銷手法，透過加強人們對某事物的明顯興趣，使其看起來受歡迎或可信，這種假象卻是暗中付錢找人營造出來的。這種手法被運用在各種公關場合中，從廣告到遊說，最近，也開始頻繁出現在政治場合。

究竟什麼才算是製造假象，這是個很合理的問題。畢竟，政治宣傳活動經常為民意調查、直接郵寄廣告、社群媒體援助和拉票等服務付費，而且沒人會認為這些行為不道德。然而，草根行銷的差別在於，員工要假裝自己的身分。記者艾爾．湯普金斯（Al Tompkins）提出該策略的操作實例。二〇一八年五月，他揭露了付費演員被派去破壞紐奧良市議會一個關於永續能源的投票[9]。「示威者」的報酬約為六十美元，參加「演講角色」的報酬則為兩百美元，包括背誦事先寫好的演講稿。他們是由一家公關公司僱用的，而後者又受僱於當地的一家能源公司，企圖影響市議會投票結果。每當有人發表意見批評永續能源時，「抗議者」都會開始鼓掌，希望議員們相信任何新立法會遭到強力反對。

這種粗糙的「懷疑詮釋學」似乎成為文化主流，意味著人們會不斷懷疑鏡頭前的新聞是偽裝的，而知道這種手法的存在更是助長了這種懷疑。例如，在二〇一八年末發生的小爭議，有一位女性參加BBC《新聞之夜》的節目，擔任討論英國脫歐最新進展的公民小組成員之一，她被某些線上新聞機構「爆料」，之前曾在各種電視劇中當臨時演員。節目當中稱她為牧師，後來證明她真的是一位小型邊緣宗教組織的牧師。由於她強烈的親政府觀點，加上偶爾參與電視臨演的事實，有人認為她肯定是BBC僱用的演員，是右翼陰謀的一部分[10]。連續幾天，這個指控在社群媒體上四處流傳，這就是主流媒體系統性偏見的證明。雖然這類事件反映出現代政治論述的紛爭本質，但整個趨勢最險惡的地方在於，現在被指控造假的不僅是政治支持者，而是大規模槍擊事件的受害者。

記者傑森．科布勒（Jason Koebler）追蹤「危機演員」（crisis actor）一詞的用法，找到二〇一二年科羅拉多州一家名為Visionbox演藝工作室的新聞稿，其中公告：「現在全國都有一批新的演員，可供射擊演習、商場射擊全面演習」。新聞稿接著表示，公司所有的演員都受過「受害者行為」的充分訓練，能夠為「模擬公共場所大規模死傷事件」注入強烈真實感[11]。這類演員在緊急應變訓練中，通常被稱為「角色扮演者」，是處理意外災難事件標準流程配備。他們只是表演者，受僱在緊急演習中扮演災難受害者，進而為那些準備應對真正緊急情況的人，提供相當程度的臨場感。

但是在這個特殊案例中，新聞稿發布僅兩個月後，桑迪胡克大屠殺就發生了，對於有意將悲劇視為「嫁禍行動」的人來說，正為他們的敘述提供了完美的情節點。

宣稱此悲劇事件受害者及家屬是「危機演員」，憑藉的「證據」，是新聞報導偶然的邏輯異常及隨機巧合。借助YouTube這類的平台，很容易可以掃描和搜索新聞片段，放大畫面或突出顯示假定的差異，再利用精心挑選的例子建構一個另類敘事。那些陰謀論的擁護者認為，悲劇報導中的人物，和一些出現在其他媒體活動中的人之間，存在所謂的相似之處。他們質疑死者家屬為何不斷出現、主動接受媒體採訪。他們宣稱發現受訪者曾接受媒體專家培訓如何說故事，利用這些事情提出得以駁斥官方說法的論據。

陰謀理論家和電台脫口秀主持人亞歷克斯．瓊斯（Alex Jones），是桑迪胡克慘案中有關政府付費「危機演員」的謠言散布者之一。例如，他聲稱最年輕的受害者母親維洛妮卡．德拉羅莎（Veronique De La Rosa）接受的電視採訪，是在廣播室綠色屏幕前進行的，而不是實際發生的市政廳。他聲稱，採訪者安德森．庫珀（Anderson Cooper）每次一轉頭時，技術設定問題都會使他的鼻子消失在畫面中[12]。基於這樣的「證據」，瓊斯在他的廣播節目中一再重申，整個悲劇事件都是假造的。在撰寫本文時，他因不斷散布這些謠言，被受害者的父母控告。

他同時還捲入了另一起訴訟，與前妻爭奪監護權。在此案辯護過程中，出現極度諷刺的時刻，他的律師聲稱瓊斯其實不像傳統的新聞播報員，應該將他視為表演藝術家，在廣播節目中出現的那個人，憤怒地反抗政府、傳播著精心編造的「另類」世界歷史，都只是瓊斯為娛樂觀眾而扮演的角色[13]。他的律師表示，將瓊斯的銀幕角色誤認為是真實人物，就像把《蝙蝠俠》（*Batman*）中的小丑當成是傑克．尼克遜（Jack Nicholson）本人一樣[14]。

這似乎是新聞報導和娛樂世界匯合的邏輯終點。銀幕上的瓊斯只是漫畫人物，一個典型的惡棍，激起觀眾強烈的道德憤慨。整個事件激起觀眾的情緒，但追根究底來說，如同瓊斯法律團隊的辯護之辭，一切只不過是精心設計的虛構小說。當然，最大的區別是，漫畫世界中靠想像力的憤怒和衝突點來推動情節發展，而在瓊斯嘩眾取寵的事業中，利用的卻是真實人物的真實悲劇。

國中之國

二〇一八年六月，羅馬尼亞布加勒斯特政府大樓前，發生一場大規模抗議活動[15]。根據官方統計，參加人數據是自一九八九年革命以來，最大規模的公眾示威。然而，這是一場相當奇特的抗議事件。通常示威遊行都是對抗當權者，但這次遊行卻是由當前執政的社會民主黨（PSD）組織的。此外，許多評論家認為，與其說是「組織」，不如說是「幕後監督／動員」。執政黨官員鼓勵全國各地的人民，前往布加勒斯特參加抗議活動，還特別為參加者提供巴士、額外加開火車班次。甚至有報導說，地方議會被強迫要確保當地公民參加人數[16]。

示威活動的官方口號是「我們要的是繁榮，而不是安全！」，活動目的是抗議司法和特勤部門濫用職權。這是官方的說法，更啟人疑竇的一種解釋是，執政黨企圖藉此宣稱有強大的公眾支持，以爭取更大的國家控制權，特別是總統和司法系統，二者當時都不在他們的控制之下，社會民主黨的高層將這些分支體系稱為「平行政府」（parallel state）。在二〇一七年十一月，他們發表了一項聲明，譴責「平行政府假借反貪腐運動之名，意圖擾亂、最後終結合法選舉產生的執政權力」[17]。小說家米爾恰．卡塔雷斯庫（Mircea Cărtărescu）認為，這件事的邏輯令人難以理解：「一個政黨解散自己的兩個內閣，並在執政時組織示威活動，這在世界任何地方都前所未見……我們的國家名聲如此荒謬」[18]。

「平行政府」的概念最早由歷史學家羅伯特．帕克斯頓（Robert Paxton）提出，描述的是某種結構和組織方式都類似國家、但實際上並不是國家合法的官方組織[19]，在大多時候，「平行政府」提倡與國家相同的政治價值觀和行動。因此，這個詞語類似「深層政府」或「國中之國」的概念，但還是有一些不同的含義，後者是描述國家體制內的派系，在幕後運作，通常是與國家體制對立的。然而，在羅馬尼亞的案例中，「平行政府」被當成是「國中之國」的同義詞。土耳其總統雷傑普．塔伊普．艾爾多安也這樣形容他的批評者費圖拉．古倫（Fethullah Gülen），稱他是中情局和猶太銀行家等各種敵人的支持者，這些人擔任各種官僚和司法職務，他聲稱這一批人正在密謀推翻他的政府。

羅馬尼亞和土耳其這些政客，並不是唯一利用偏執的懷疑來攻擊內敵的人。「國中之國」代表的另一個概念，是有人堅信現實並非如表面所見、而當今政治是一場由非經民選的邪惡勢力蓄意操縱的遊戲。羅馬尼亞的領導人和艾爾多安的說詞，與川普攻擊某些美國政府官員的言論非常相似，只因這些人不像自動橡皮圖章聽其指令行事。事實上，有希望勝選的羅馬尼亞總統候選人利維．普萊索亞努（Liviu Plesoianu），在訴求反對（假想的）國內平行政府陰謀詭計時聲稱，「我們向川普總統對抗美國的國中之國表示敬意，深知他面對什麼樣的反對勢力」[20]。

在美國，這個詞通常指的是政府官僚機構中非經民選的官員、科技和銀行界人士組成的影子政府，負責國家的日常運作，最重要的是，也反對任何有違其既得利益或價值觀的人，這一切都是暗中操作，脫離民主制度的監督。根據《ＡＢＣ新聞》、《華盛頓郵報》於二〇一七年四月進行的一項民意調查顯示，四八％的美國人（民主黨人和共和黨人各占一半）認為存在著一個「由軍事、情報和政府官員組成的國中之國，試圖暗中操縱國家政策」[21]。

對於川普而言，一如許多民粹主義政客，這個概念完全符合「權勢集團聯合起來反對他」的這種敘事。例如，這正是喬爾．波拉克（Joel Pollak）在右翼網站Breitbart一篇文章中定義問題的方式：川普一取得政權，「歐巴馬政府留下來的人和左傾的公務人員開始運作反對新政府……而執法單位和情報界的成員也將具破壞性的機密資訊洩露給媒體」[22]。整個概念確保川普即使在任職期間，依然得以保持局外人的地位，如果他倡議的計畫未能奏效，也有人可以歸咎。正如記者丹．拉瑟（Dan Rather）所暗示的，此概念還有更險惡的含義：「當我聽到他人對於所謂『國中之國』的虛假憤慨時，我真的認為，更像是強烈反對被法治和憲法所束縛」[23]。

英國也有類似的動態，如果司法和公務人員的工作與民粹主義者的情緒意志相衝突，這些人就會被貼上「叛徒」的標籤。在英國，「國中之國」一詞的使用頻率可能低得多，但是關於權力運作的諸多懷疑卻是一樣的。將這個詞用在英國政壇的人為數不多，當中包括史蒂夫．希爾頓（Steve Hilton），他是大衛．卡麥隆的前策略總監，現在是美國電視節目主持人[24]。根據希爾頓的說法，東尼．布萊爾在二〇一〇年大選前曾警告卡麥隆，公務人員認為自己是「國家利益的真正守護者」，並相信他們的實際職責是治理國家。

希爾頓所言是典型民粹主義者的觀點，他說，「國中之國」的集會口號不是「我們人民」，而是「你們人民，由我們菁英所統治」。換句話說，「假旗行動」中發現的詭計、勾結、僱用「危機演員」都被認為是政府勢力的運作，變本加厲堅信「國中之國」的存在更，聲稱即使民選總統表面上掌權，仍有邪惡暗黑勢力在打擊人民意志。

煤氣燈效應

在一篇關於特定類型的心理戲劇流行文化趨勢文章中，記者柔伊．威廉姆斯（Zoe Williams）表示，「我們所謂的後真相政治，其實更適合被歸類為煤氣燈效應（Gaslighting）」[25]。煤氣燈效應是一種心理狀態，以二十世紀初英國作家帕特里克．漢密爾頓（Patrick Hamilton）的一部戲劇命名。漢密爾頓的作品中，執著探討自戀的社會病態，這可能反映他性格中類似的壓力，他的兄弟布魯斯曾經表示，他如果在史達林主義的國家，必定是一名出色的警長[26]。他另一部成功的舞台劇作《奪魂索》（*Rope*）大致以李奧波德和勒伯謀殺案（Leopold and Loeb）為依據，講述兩名大學生把謀殺同學當為智力測驗的故事。他的最後三部小說《高斯三部曲》（*Gorse Trilogy*）講述戰後英國一名騙子性侵受害者的卑劣行徑。在《煤氣燈》劇中，主角傑克．曼寧漢姆（Jack Manningham）在精神上折磨年輕的妻子貝拉，讓她相信自己快要精神錯亂了。雖然這部作品並不是政治劇，但顯然與一九三〇年代末至一九四〇年代初的心理情緒吻合。這齣戲於一九三八年底《慕尼黑協議》簽署後僅幾個月，在倫敦首演。一九四一年，美國參戰之時，開始在百老匯上演長達四年之久。

自一九六〇年代以來，「煤氣燈效應」一詞就被用來描述一種心理迫害，其中一人試圖破壞另一人的現實感知，攻擊對方的精神穩定性，進而操縱其行為。在劇中，曼寧漢姆駁斥貝拉對自己行為的指控，使妻子相信自己的記憶力正在衰退，對現實的掌控力逐漸減弱。在過去二十年中，這個詞也開始應用於政治。臨床心理學家布萊恩特．韋爾奇（Bryant Welch）在《困惑狀態》（*State of Confusion*）一書中指出，在傳統文宣技巧結合現代傳播、廣告和行銷策略的推動之下，政治煤氣燈效應手法已融入當代美國政治[27]。政治人物會撒謊、遭到媒體大肆抨擊謊言、會駁斥這些批評、進一步重申此謊言，同時又抨擊新聞界的指控帶有偏見，如此持續操作，直到觀眾逐漸分不清什麼是真、什麼是假。

在漢密爾頓的劇本中，曼寧漢姆強烈攻擊貝拉的現實感知，當他說擔心貝拉可能失去理智時，妻子逐漸開始相信他的說法。隨著持續的心理折磨，貝拉變得越來越依賴曼寧漢姆來告訴她什麼是真實、而什麼不是。對於許多政治評論家來說，由於不斷看到川普攻擊真相，這正是困擾美國情勢的現狀[28]。

記者阿曼達．卡彭特認為，煤氣燈效應是川普政治成功的關鍵，也正是後真相現象的核心[29]。她將川普的煤氣燈效應手法拆解成五個階段。首先，他所斷言之事，幾乎沒有事實根據，但卻極具爭議性，因此勢必引人注意。早期的一個例子，是他聲稱歐巴馬並非在美國出生，因此不算是「真正的」美國人。接著，他會引用模糊或虛構的消息來源並散播，同時也確保自己沒有明確承諾像是「很多人都說⋯⋯」；「一個非常可靠的消息來源告訴我⋯⋯」。他會隨即保證在未來某個時刻披露更多相關消息，進而提高媒體的興趣。然後再利用他挑起的憤怒，伺機攻擊任何批評他操作此議題的反對者。最後無論實情如何，他都會宣稱自己在爭端中獲勝，例如，聲稱質疑歐巴馬出生地的人其實是希拉蕊．柯林頓，而他自己曾建議歐巴馬應出示出生證明來解決此爭議。當然，每次他不斷操作這種手法時，都會激起媒體宣傳他扭曲的世界觀。因此，即使我們不相信他無止境的荒謬言論，這些言論仍然主導著新聞話題。

一旦煤氣燈效應成為批評當權者宣傳伎倆的流行手法，就很容易被各政治派別所利用。因此，在二〇一八年的一次集會上，NRA執行副總裁韋恩．勒皮耶（Wayne LaPierre）聲稱，NRA的反對者，包括桑迪胡克槍擊案等悲劇的倖存者和親屬，本身就在為「這起悲劇洗腦⋯⋯這些人利用受害者來促推他們的最終議程：終結NRA、扼殺我們正當防衛的公民權利」[30]。換句話說，事情已經發展到了，一個社群正操控另一群體的心理，並警告社會中正進行著煤氣燈效應。

第11章
政治陰謀論

煤氣燈效應與下面三個術語的共同點是，都是以前世界實際存在的做法。假旗行動的例子突顯了二十世紀衝突的歷史；政治上的草根行銷手法越來越普遍；特勤組織運作經常被指控像極權政權中的國中之國；以心理操控的煤氣燈效應，是一種非常真實的虐待方式。過去幾年來，每一個都被用來描述偏執的幻想、或政治操作扭曲的世界觀，以此做為破壞或混淆政治論述的方式。因此，每一種情況發展與「假新聞」操作過程完全相同，共同點是：全都融入到一個整體敘事中，結合對政治的懷疑、以及對故事本身敘述過程的執著。

癲癇樹

很多時候，我們是用截然不同的心態看小說和現實。利用「契訶夫之槍」（Chekhov's gun）的象徵原理最能解釋這種差異。這是作家安東．契訶夫（Anton Chekhov）精簡說明的一個戲劇規則，如果在戲劇第一幕中有一把槍懸掛在牆上，那麼這把槍無疑會在第二幕或第三幕中發射。籠統地說，任何戲劇中介紹到的元素，都必須有目的性。這是因為戲劇建立在後果上，故事中的每個細節都會自動被賦予意義。對於觀眾來說，那把槍為什麼掛在牆上？誰會開槍？最終誰會面對槍口？揭示這個意義所產生的期待，是虛構體驗的主要樂趣之一。

「契訶夫之槍」的戲劇法對於小說創作十分重要，因此衍生出許多戲劇理論的變異[1]，例如，由多個「契訶夫之槍」組成的「契訶夫的軍械庫」，或是由看起來不重要的角色、卻成為關鍵人物所組成的「契訶夫軍隊」。在電影中，如果這個邊緣角色由大牌明星扮演，就可以說明一切。但如果「契訶夫之槍」被多次使用，可能會造成反效果。也可以設計「契訶夫技能」，英雄在故事早期就學習到一些東西，後來證明是很重要的；或「契訶夫新聞」，看似微不足道的訊息，在事件發展結束時，逆轉了整個劇情；然後還有「契訶夫咳嗽」，一開始看起來無害的，其實卻是結核病或其他威脅生命的疾病徵兆。諸如此類的例子不勝枚舉。

這就是小說前提的重要性，也已成為粉絲社團痴迷的焦點。在社群媒體時代，龐大的網路團體聚集在一起，試圖預測某些節目的敘事，從劇情中挑出一些小而有趣的細節，然後熱烈地猜測。這一切造就了「癲癇樹」的現象：一種由契訶夫槍枝邏輯衍生出的誇張泛濫的粉絲理論[2]。這個詞是從美國電視影集《*LOST*檔案》❶第一季事件的推測性假設衍生的。基於某些神祕、無法解釋的原因，故事場景設定的小島上，樹木不斷晃動。為什麼會這樣呢？對於整個故事發展有何意義？一個合理（雖說不太可能）的解釋是，樹木癲癇發作。俗話說，當你排除了一切不可能，剩下的事情無論再怎麼不可能，必定是事實。

虛構故事就是這樣，套用福斯特（E. M. Forster）的說法，一切都是相關的。一件事總是導致另一件事，而情節沿著這條線索持續向前發展。因果關係鏈中任何不經意的斷裂，都可能視為情節漏洞，成為作品拙劣的證據。正如羅蘭．巴特（Roland Barthes）所言，「以功能建構成的敘事……即使一個看起來微不足道的細節……最終也會有荒謬或無用的意義」例如，穿插在偵探小說故事情節中各種分散注意力的線索[3]。或再次

---

❶ 一部美國電視連續劇影集，內容講述從澳大利亞雪梨飛往美國洛杉磯的海洋航空公司 815 航班在南太平洋一個神祕熱帶小島上墜毀後，生還者在島上生存發生的詭異故事。

套用福斯特的概念，正是因果關係創造了情節。劇情並不是單純描述事情如何連貫發生，而是描述事件接連發生的前因後果[4]。

另一方面，現實生活的發展，並沒有這樣的機械精度。也許人類思想中存在一種基本的潛意識形態，即一切都是可以解釋的，萬事皆有因，人類的大腦也在積極尋找世界運作的模式。關於因果關係的信念，是人類基本認知機制的一部分，我們傾向於以因果關係來看待世界[5]。研究顯示，人類還不到六個月大的時候，大腦就已經如此運作[6]。我們利用對因果關係的了解來領悟世界、做出預測、並建立自己的信仰體系[7]。

但是，很重要的是，現實世界中的因果關係絕非精心安排的。到目前為止，人類仍然無法理解許多知識。因此，雖然我們會本能地以因果關係來理解事物，但也明白世界的自然本質絕非如此簡單。正因如此，當我們走進現實生活中的房間，牆上正好掛了一支步槍，我們並不會自動預期有人會在今晚結束前因槍傷被擔架抬出房間。

這就是我們看待現實人生和虛構小說心態上的基本差異，這是程度的問題。因果關係是二者的特點，畢竟，科學是以此為前提的。現實中，我們對因果關係抱持謹慎的預期，反之，對小說的因果關係則預期較高。這並不代表我們不會將二者混為一談，迷信就是如此造成的，基於所謂的「事後歸因謬誤」（post hoc fallacy）這種不正確的推理，認為事件A發生在事件B之後，所以事件A一定是由事件B引起的。只因為我兩次打網球擊敗對手時都穿著黃色襪子，黃色襪子一定是我的幸運優勢，這就是把相關性當成因果關係的錯誤。

最後，這也可以聯結到陰謀論，因為在陰謀論當中，預期因果關係的對比被顛覆了，通常看小說才有的心態出現於現實之中。

事情的真相只有一個

陰謀論者往往執著於故事的講述方式，一如故事本身。他們慣用的敘述很簡單，一個有影響力的組織正在祕謀邪惡計畫，這牽涉到社會掌權者的非法勾結，透過精心設計的幻覺隱瞞大眾。在講述這個故事時，陰謀論者通常直接反駁事件發生的狀況及原因的普遍共識。支持者辯稱，駁斥主流媒體的說法，是要避免這種欺騙多數民眾的洗腦行為。反之，他們重視政治學家麥可．巴庫姆（Michael Barkum）所提的「被污名化的知識，亦即與普遍接受的信念背道而馳的知識主張」[8]。對於陰謀論者來說，大眾媒體本身就是陰謀的一部分，是幕後有黑手操控的傀儡。如此一來，講述故事的方式就成為故事本身的一部分。

當今的悖論之一是，儘管陰謀論者對一切主流擁護之事抱持強烈懷疑態度，但陰謀論的語言現在已經成為政治文化的主流。從川普鼓吹的「出生地運動」（Birther movement）及其對國中之國的偏執幻想，到英國強硬的脫歐派對歐盟陰謀的恐懼，陰謀論者的辯術，在現代政治論述中已成為常態。一個合理的原因是，陰謀論的邏輯與支持民粹主義的信念之間，二者關係密切。正如亞歷克斯・卡索敦斯基－瓊斯（Alex Krasodomski-Jones）所論證的，陰謀論和民粹主義運動的核心，都是對抗權勢集團和政府機構的腐敗[9]。他們自認致力於追求真理、並戳破公眾對世界治理方式的錯誤認知。最近的研究顯示，在英國有六〇％的人相信至少一種陰謀論[10]。這項研究計畫的負責人約翰・諾頓（John Naughton）在接受《衛報》採訪時表示，這類陰謀理論是「一種試圖讓普通公民理解複雜世界的方法」[11]，就這點而言，陰謀論的作用與故事完全相同。

陰謀論敘事的基本原型也是「戰勝惡魔」的故事，主要思維是基於正義擊敗邪惡，公民偵探揭露真相，打擊政府高層暗黑勢力的夢想。出現一個惡魔（意指政府或其代理人），勢力比英雄（公民偵探）強大得多，透過洗腦和壓制立法，已經奴役了大部分的人口，使英雄幾乎沒什麼勝算。儘管如此，英雄還是頑強地追查惡魔，找出其過於自負而不設防的防禦漏洞（如證據的差異、官方說法不一致等）。英雄冒著巨大的個人風險，利用了這個小弱點，一舉擊潰惡魔（腐敗的政治體系）。

除了這種基本結構，陰謀論變成敘事背後還有兩個基本的邏輯要素。首先，凡事都不是偶然發生的。在陰謀論的世界之中，相關性總被解讀為因果關係。陰謀論者自認為遵循科學原理，會收集和審查證據、根據實證調查建立假設、並利用新證據來檢驗這些假設。但是，對主流解釋抱持懷疑態度、確認偏誤和對因果關係的絕對主義信念，混合得出明顯不科學的結論。例如，如果事件的相關新聞報導出現矛盾之處，會立即覺得很嚴重，視為刻意掩蓋事實的證據，絕對不是單純的疏忽或意外，反倒像是「契訶夫的連環錯誤」。因此，假象和事件被轉化成符號，從總體故事當中汲取重要意義。

陰謀論的第二個基本要素，是結局的存在，因為事件永遠不會被理解為隨機或巧合，總是有一種解釋等著被發掘，或存在某個解決方案，可以透過正確偵查工作，對實際發生事件提供明確的答案。正如巴庫姆所言，陰謀理論的最大吸引力是，為現實生活中的困惑和模糊提供了解釋[12]。

同樣的，這符合故事的邏輯。敘事本身有個起點、中點和結束。正如前文所討論的，整體的意義取決於構成的結局。不同於現實人生經歷開放式的、對未來捉摸不定的特點，故事有結局，有助於解釋時至今日人生的一切滄桑和命運變遷的意義。

普羅米修斯的神祕主義故事

調查記者鮑勃．伍德沃德（Bob Woodward）出版有關川普在白宮的書時，新聞秘書莎拉．赫卡比．桑德斯（Sarah Huckabee Sanders）將這本書及對政府的批評駁斥為「虛構」作品[13]。二〇一八年準大法官布雷特．卡瓦諾（Brett Kavanaugh）在最高法院的聽證會上，針對他的老朋友馬克．賈奇（Mark Judge）的回憶錄《爛醉如泥》（*Wasted*）中的揭露，也曾提出類似的藉口[14]。賈奇的書講述自己的酗酒經歷，其中包括一位名叫巴特．奧卡瓦諾（Bart O'Kavanaugh）的人物有一天晚上醉得不醒人事。如果這是根據卡瓦諾少年時期的一次真實事件，將削弱他的辯護力道，因為有受害者克莉絲汀．布萊西．福特（Christine Blasey Ford）指控他曾企圖在高中派對上性侵她，而那天晚上他喝得很醉❷。但是卡瓦諾拒絕對號入座，只是聲稱這本書是對賈奇生活的虛構故事[15]。

這兩種辯護，都利用了基於事實的敘述和虛構小說之間明顯的區別，宣稱事情是虛構的，暗示這件事是杜撰、捏造、並刻意扭曲事實的。至少，這是標準公式。然而，在陰謀理論的世界中，事實與虛構之間的區分

❷ 這是一場美國的兩黨惡鬥、大法官爭議、與 #MeToo 運動牽起的道德論戰。由總統川普提名的準法官卡瓦諾，在參議院投票認可前夕突然遭到心理學教授克莉絲汀．福特舉發，指控他曾於 1982 年的一場高中派對上，藉著酒意強暴未遂。

往往模糊不清。在很多情況下，這兩個概念實際發生了轉變[16]。

正如我們所見，陰謀論思維包含對權威的知識來源（例如研究機構和大學）極度的懷疑，因此排除了許多關於世界運作傳統公認的「事實」。按照陰謀論者的邏輯，這種知識只是黑暗勢力操縱社會的宣傳手法，換句話說，是虛構的。

如果事實是虛構的，按照推論，虛構的想必就是事實。有跡象顯示，這正是驅動許多陰謀論者的邏輯。例如，羅伯．波德頓（Rob Brotherton）指出，奧克拉荷馬城市的炸彈攻擊者提摩西．麥克維（Timothy McVeigh），將低階政府僱員比喻成《星際大戰》中的帝國突擊隊，以此合理化行兇動機，雖然這些人是無辜的，但他們為邪惡帝國工作，因此是有罪的[17]。

還有《侍女的故事》作者瑪格麗特．愛特伍，接受《綜藝雜誌》（*Variety*）拉明．塞托德（Ramin Setoodeh）採訪時發表的評論，暗示九一一恐怖分子也是間接受到《星際大戰》的啟發。她對塞托德說：「還記得首部電影嗎？……兩個傢伙駕駛飛機穿越某物，把它炸毀了？唯一的區別是，在《星際大戰》中他們逃脫了。九一一之後，政府僱用了一批好萊塢編劇告訴他們故事下一步如何發展。科幻作家非常擅長此類工作，預測未來的事件。」[18]

與上述說法類似的論點，也常見於地球扁平論者：當局積極推廣科幻小說，其中包括太空旅行的例子，因為這可以強化地圖說的意識形態。根據這種心態，好萊塢大片是政府宣傳的一種形式，旨在操縱民眾不知不覺接受統治菁英的信仰。例如，陰謀論者艾薩克．魏斯哈普（Isaac Weishaupt）寫了一篇長篇論文，全名為《星際大戰陰謀：外星人與新時代神祕學和光明會隱藏的象徵主義》（*The Star Wars Conspiracy: Hidden Occult and Illuminati Symbolism of Aliens & the New Age*），正如標題暗示的，這些人認為喬治．盧卡斯的電影是一種「神祕的經文，容易吸引當今愛好娛樂的大眾」，而他對外星人和外星生命的描繪，正在為「真正惡魔偽裝的『進化』外星人的未來鋪路」[19]。這部電影並非虛構，而是詳細闡述推翻我們熟悉社會的藍圖。魏斯哈普在書中樂於對電影提供詳細解讀，清楚顯示這個故事其實是關於光明會實踐神祕思想的寓言，包括光明與黑暗勢力之間的交戰；阿道夫．希特勒（Adolf Hitler）對擁有潛在內部力量的超人信念；為了未來世界的宗教信仰，必須摧毀基督教」。如果再將迪士尼購買《星際大戰》版權的因素考慮在內，就會出現以下這種說法，權勢集團現在能夠控制「讓年輕人接受未來世界這個騙人的謊言」，正如這本書提出的警示：「不要讓《星際大戰》的宗教滲透、並掌控你的思想，而忽視了隱藏在普羅米修斯神祕主義故事中，真正的邪惡教義。」

儘管這聽起來很荒謬，但還是有好萊塢電影情節被誤認為真實的例子，相信政府會利用虛構小說來操縱人民支持政府行動。例如，針對英國在伊拉克戰爭中扮演的角色調查（Chilcot Inquiry），據披露，英國情報局收集的「某些」情資顯示，薩達姆．海珊擁有大規模殺傷性武器，其實是抄自於一九九六年電影《絕地任務》（*The Rock*）❸的情節[20]，情報檔案中為發動戰爭巧立的名目是，裝在特殊玻璃容器中運輸的神經毒劑。正如電影編劇大衛．威斯伯格（David Weisberg）後來解釋的，這個細節是「憑空捏造的……純粹的想像力」，只是想添加一些視覺色彩在平凡現實（儘管極其致命）的技術中[21]。

諸如此類的例子並不常見，但值得注意的是，小說往往反映了社會重大事件，二者之間的相互作用可以產生一連串的相互影響，現實塑造了小說，而小說反過來又塑造了現實等等。換句話說，文學和小說解釋和表達現實生活中的事件，而現實生活事件則可透過小說虛構文化的加工處理。《侍女的故事》就是一個完美的例子，這是一個虛構的敘事，依據的是世界各地實際存在的行為和政策。正如愛特伍解釋的，「我的原則之一，是書中不會描述任何沒發生過的事件，寫的必然都是詹姆斯．喬伊斯（James Joyce）所謂的歷史『噩夢』，也不會寫入任何尚未出現的科技」[22]。她描繪的極權政權壓迫行為，在全球現實政權中都有先例。正如現實影響了她的小說一樣，她的作品也衝擊著現實社會。如前幾章討論過的，《侍女的故事》的

❸ 美國軍方將領因不滿部屬為國犧牲卻得不到政府補助而策動叛變，他占領惡魔島挾持觀光客，並將沙林毒氣瞄準人口稠密的舊金山。軍方派出FBI探員與生化器專家，外加一位不在官方記錄卻是史上唯逃出惡魔島的前英國情報員一起展開救援行動。

象徵意義，已經成為支持女權抗議活動的有力號召，進而影響了當代歷史。

另一個類似的例子是圖像小說《V怪客》（*V for Vendetta*），由艾倫．摩爾（Alan Moore）撰文，大衛．勞埃德（David Lloyd）插畫。故事中主角所戴的面具是仿照歷史人物蓋伊．福克斯（Guy Fawkes），象徵在腐敗政權下反叛的政治行動。大衛．勞埃德所設計的面具隨後出現在漫畫電影中，更進一步被全球反資本主義和反政府示威者做為象徵指標。小說的符號被用在當下現實的政治鬥爭中，因此被賦予了新的意義。

政治學家約瑟夫．烏辛斯基（Joseph Uscinski）和約瑟夫．派倫特（Joseph Parent）認為，陰謀論的基礎結構與許多正常的政治論述，通常沒有太大的不同[23]，唯一真正的區別是，陰謀論讓一切變得更誇大不實、刻板、充滿懷疑。正如我們所見的，誇張、直言不諱和極度缺乏信任，如今日益成為主流政治的常態。

第12章
道出真相的謊言

從當前政治角度探討故事敘事時，一個明顯的問題是，敘事運用與假訊息傳播之間，是否存在關係。一提到敘事，我們經常會從編織杜撰、想像力和虛構的角度來看。那麼，這是否有助於解釋為什麼政客被視為編造故事的人，尤其是當代政客，靠謊言騙到政權，在執政期間又繼續欺騙人民卻不受懲罰？如果因為現任領導人對真相概念的肆意漠視，我們確實正走向全面的文明危機，有什麼辦法可以改變敘事方式，並恢復公眾辯論的穩定和端正呢？要回答這兩個問題，我們必須先回到一個主題：在政治世界中，究竟什麼才是真相？

真相的定論

在《贗品》這部關於偽造、詐欺和藝術騙局的電影片頭，奧森．威爾斯宣告：「任何故事無論是在壁爐邊、市集裡、或電影中講述，幾乎都是某種謊言」[1]。這是長期以來對說故事的看法，認為內容或多或少是虛假和杜撰的。正如古老格言所說，即使敘事是以現實為基礎，也不該讓事實妨礙好故事的發展。故事與事實真相相反的觀點，至少可以追溯到柏拉圖（Plato），他以禁止詩人和神話敘述者進入他的理想社會而聞名。在《共和國第十卷》中，他嚴厲批評他們模仿現實，而不是關注現實本身。他寫道：「悲劇詩人……如果他的藝術是一種再現，那麼本質上算是第三層脫離真相，其他象徵藝術家也是如此」[2]。

大約兩千年後，伊麗莎白時代的作家菲利普．西德尼爵士針對詩人的職業本質就是說謊的這種說法，提出強烈反駁。他問道：「醫生做出對疾病有好處的診斷，使得許多人的靈魂在度過冥河之前就被淹沒在藥劑中，你認為醫生多常撒謊？……至於詩人，他也沒斷言什麼，因此不是撒謊。我認為說謊是將虛假之事說成真的」[3]。世界上的詩人和說故事者不僅只是模仿，也會創造，而在創造過程中，他們能夠超越現實與事實的局限。

在試圖反駁柏拉圖的論點時，西德尼爵士指出了我們對理解真相的問題癥結所在。「真相究竟是什麼」，這觀念總被特定背景的慣例影響，醫學真相、哲學真相、詩歌真相並不一定是同一件事。或者至少，我們對真相的分類方式（斷言事情的真實與否），取決於每種情況下不同的期望和衡量標準。這並不是說真相是相對的，而是根據討論的種類而略有不同。

讓我們看一下兩個不同的實例。第一個例子牽涉到醫學與媒體之間的衝突。在二〇〇九年洛克比炸彈客阿卜巴塞特．阿里-梅格拉希（Abdelbaset al-Megrahi）❶獲釋將滿一週年之際，其中一位診斷病情的醫生，回想這份被用在法律訴訟上的診斷書，如何讓梅格拉希獲釋。當時，「獲釋」是不是英國BP石油公司與利比亞政府之間的交易之一，引發了一場政治風暴。儘管醫療小組因前列腺癌的診斷，判定他只剩下三個月的生命，但梅格拉希仍然比預期多活三年，這個事實令某些地方人士驚愕不已。卡羅．西科拉醫生（Karol Sikora）為自己在訴訟中的角色辯護，試圖澄清實際的診斷內容、以及政客和媒體隨後如何解讀此事。《觀察家報》（*The Observer*）的一篇文章引述他的解釋：

❶ 曾任利比亞軍情人員，被控在一九八八年炸毀汎美客機，該機墜毀於蘇格蘭洛克比鎮，機上大部分是美國人。坐牢八年後因罹癌只剩三個月壽命而以人道理由獲釋，不料返國後在機場受到英雄式歡迎，引起美英兩國罹難者家屬憤怒。

在醫學上，我們說「絕不說「絕不」，也絕不說「永遠」，因為莫名其妙的事常發生。你所能做的就是提供統計意見。但是讓人困擾的，是媒體、法律、甚至是患者都不喜歡統計意見。他們想知道「到底是這樣、還是那樣？」法院則只關心判定有罪、還是無罪[4]。

他在此提出的想法是，不同的領域，例如法律、新聞、醫學等等，驗證事實真相都有不同的標準。對於監督梅格拉希獲釋的法律程序，要做的決定很簡單，是或否，他該不該被釋放。政治和媒體評論家似乎認為，這個簡單的是或否，也應該套用在他的病情：他會在三個月內死亡，或是不會。對於梅格拉希的醫生及醫界同行來說，醫學上根本就沒有「事實」這種結構，只有基於專家解釋的機率問題。真相結合了我們當時所掌握的知識、以及表達內容的方式。西科拉醫生在他的診斷中並沒有說謊，不像西德尼爵士所暗示的醫生行為，也未必是診斷錯誤，反而是政客和媒體用一套不同的真相衡量標準來解讀他的話。

第二個例子正是關於說故事的辯論，從柏拉圖到西德尼爵士一直延伸至今的議題。二〇〇三年，作家詹姆士·弗雷（James Frey）出版一本回憶錄，講述自己成為一名癮君子的經歷，書名為《百萬碎片》（*A Million Little Pieces*）。這本書最初頗受大眾好評，使弗雷一夕之間成了文學明星。然而，剛成名幾個月之後，開始有報導指出，書中部分內容若非捏造出來的，也是誇大不實。眾人紛紛譴責，宣傳為真實人生的回憶錄，卻成了虛構想像的作品。整個事件升級為全面的文學醜聞，最終使得弗雷和出版商不得不為誤導讀者而道歉：購買這本書的人如果同意簽署一份聲明，表示當初若知道內容並非嚴格定義、未修飾的真相，就不會購買這本書，便可獲得退款[5]。

風波過後不久，在印刷平裝本時，弗雷添加了免責聲明，當中解釋說，為了「讓這本書達到我認為更廣大的目的」，才會「添加修飾」自己所經歷的細節[6]。他表示，在寫這部作品時，從未考慮過小說或非小說的角度問題，這些根本不是他在創作時想到的類別，直到出版之後，他才開始明白不同類型暗示著對內容的不同期望，進而影響人們對這本書的看法[7]。

他對自己的總體行為辯護，在他看來，回憶錄是「允許作者憑記憶寫作，而不是憑藉嚴格的新聞或歷史標準，這是關於印象和感覺、關於個人的回憶」。因此在內心深處，他的回憶錄是「一個主觀的真相，一個受勒戒康復的癮君子和酒鬼心理轉變的真相。說穿了，這是一個故事，一個若未曾親身經歷過無法寫出的故事」[8]。他的論點與畢卡索所說的大致相同：「藝術是一種謊言，使我們意識到真相，至少是我們所理解到的真相。」[9]故事可以真實表達某種經驗的精神或感覺，即使偏離了該事件的普通事實。

然而，弗雷碰上的問題是，出版商明確將這本書歸類為回憶錄，對大多數人來說，這顯然與弗雷本人設定的期望截然不同。例如，尚恩．奧哈根（Sean O'Hagan）在《觀察家報》中的這篇評論，即使在醜聞發生之後仍放在封面上[10]。奧哈根寫道：「若是虛構的話……詹姆士．弗雷巨大、傷痕纍纍、血氣方剛、充滿淚水的個人墮落、和千方百計的救贖故事，簡直令人難以置信。做為回憶錄，又幾乎像是神話。」

幾年後，記者黛卡．艾肯海德（Decca Aitkenhead）在採訪弗雷時，對於整個事件做了精闢的總結，她寫道：「《百萬碎片》……不是破壞、打擊真相……。弗雷說的沒錯，大多數回憶錄都是自由掌握事實準確性，然而，暗示小說和非小說的類別基本上是毫無意義、也不重要，又有點太牽強了」[11]。換句話說，弗雷的撒謊之罪在於他標榜當代非小說類出版商採用的慣例。如果這本書沒有被界定為真實的，而是當成「主觀事實」呈現，就沒事了。但是，稱之為回憶錄，等於和讀者簽訂了一份以未加修飾的事實細節為基礎的合約。

他隨後撰寫另一部小說《陽光燦爛的早晨》（*Bright Shiny Morning*）時，更加謹慎，開宗明義宣稱「本書中的任何內容均不得視為準確或可靠的」[12]。

真誠的誇大

那麼政治呢？在政治領域中，如何界定真實與謊言的參數？事實陳述是否一如醫學和回憶錄，存在類似的模糊灰色地帶呢？

當然，所有政治人物都會撒謊[13]，這點我們也知道。對於記者路易斯．赫倫（Louis Heren）而言，有時嚴重到採訪政治人物時心裡會默想：「這個說謊的混蛋為什麼要對我撒謊？[14]」大多數政治人物也會盡全力假裝自己不會撒謊。儘管我們會譴責民選領導人這種刻意欺騙，但我們與說謊的實際關係，常常相互矛盾到令人困惑。政治學家湯瑪斯．克羅寧（Thomas Cronin）和麥可．吉諾韋斯（Michael Genovese）列舉了美國總統的一些主要悖論，其中一個是：「我們需要一位體面、公正、關懷、富有同情心的總統，但我們欣賞奸詐、狡猾、善於欺騙，必要時甚至是一個冷酷無情、善於操縱的總統」[15]。如果這是真的，這個想法直接呼應馬基維利（Machiavelli）的主張，亦即「那些成就偉業的君主，正是不在乎履行諾言、深知如何精明操縱他人思想的人」[16]。

唐納．川普或鮑里斯．強森等現代政治人物所體現的「悖論」無數，光川普本人就多得不勝枚舉，使《華盛頓郵報》不得不針對進行中的政治謊言查核，引入一個新的類別，稱之為「無底限的皮諾丘」（Bottomless Pinocchio），頒給那一些「一再重複發表錯誤聲明，蓄意散布虛假訊息的人」[17]。截至二〇一九年一月，目前唯一符合這項標準的現任民選官員就是川普，他曾在十四個不同的場合這樣做。

然而，對於許多人來說，包括川普的副總統在內，這種行為對照於「往常的政治」是可喜的轉變，提到川普對於選舉舞弊的錯誤陳述，麥克．彭斯（Mike Pence）說，「他有權發表自己的看法……我認為，美國人對於選出一位會告訴人民自己想法的總統，感到耳目一新」[18]。換句話說，說出自己真心的想法代表一種真實性，勝過了基於證據的知識主張。

儘管如此，媒體還是非常不願意將川普的行為（或任何其他政客的行為）描述為徹頭徹尾的謊言。在政治圈中，撒謊的指控向來都是高度敏感的議題，即使在這不尋常的時代，許多人仍然對這用詞感到不安。但這一點也不意外，政治人物不會宣稱自己的行為是在說謊，反而衍生出一套越來越複雜的委婉用語，從艾德蒙．伯克（Edmund Burke）的「隱瞞部分事實」，到溫斯頓．邱吉爾的「用詞不夠精確」，川普本人顯然熱衷於「真誠的誇大」這個說法。這個詞是由《交易的藝術》（The Art of the Deal）代筆作家東尼．施瓦茨（Tony Schwartz）創造的，他在接受《紐約客》採訪時表示，這當然是個不折不扣的矛盾措辭，「好像在說，『這是一個謊言，但誰在乎呢？』」[19]

正如政治人物避免與說謊一詞沾上邊，他們在描述同事時，也小心迴避使用該詞。

憤世嫉俗的人會說，這只是喬治．歐威爾所說的政治論述普遍存在的「委婉用語、竊取論點、和徹底含糊其辭」的延伸[20]。正如喜劇演員喬治．卡林（George Carlin）所說的，政治人物說話時都要「非常謹慎，因為他們必須小心不要露出什麼口風」[21]。

但是，還有比這更重要的。早在二〇〇四年，第一次總統辯論中，約翰．凱瑞否認指控說布希總統撒謊，他聲稱「我從來沒有像你剛才說的那樣，用這麼嚴厲的字眼，我也盡量不這樣做」[22]。他的態度有一部分與英國下議院明確禁止使用該詞有關，一切諸如「流氓」、「懦夫」、「奸細」和「叛徒」之類的侮辱字眼，都被視為「非議會語言」[23]，算是「違反禮貌規則」的行為，因此被明文禁止[24]。按照這種傳統，撒謊的指控是對某人名譽攻擊，造成社會污名。因此，與一開始掩蓋的腐敗行為相比，被證實欺騙的行為往往更具政治殺傷力。

同樣的，記者通常用說謊一詞也十分謹慎。例如，二〇一二年被共產黨提名為副總統候選人的保羅．萊恩（Paul Ryan），在共和黨全國代表大會發表演說後，由於記者報導試圖迴避這個詞，一份報告記錄了十五種不同類型的委婉語[25]。描述萊恩演說的用詞包括「簡化事實」、「誤導性內容」、「極度不準確」，還有「完全失真」和各種不同的「前後矛盾和抵觸」，但就是沒有明白指稱「謊言」。

近年來，有線電視和網路平台的報導顯示，民眾對說謊一詞的厭惡程度降低，因此

《紐約時報》表示，「譴責撒謊已變成了另一種指控」[26]。但是，對許多人來說，仍不輕易使用。面對川普陣營在總統任內早期發表的言論，導致兩大新聞機構的社論公開辯論，使用「說謊」一詞的道德和語用意含。《紐約時報》最終決定直接表明[27]，編輯迪恩·巴奎特（Dean Baquet）認為，儘管他了解其含義的「嚴重性」，但「我們應該讓人民清楚知道川普團隊說的並不是事實」。然而，全國公共廣播電台（NPR）則表示反對，他們解釋說道：「身為記者，我們的職責是報導、發現事實、確定真實性、再向大眾分享……最重要的是，讓人們明白這些不是我們自己的意見……一開始將事情貼上諸如『謊言』之類的標籤時，觀眾將遠離你。」[28]

說謊一詞的主要特點是，代表說謊者有明確的「意圖」。正如哲學家阿諾德·伊森伯格（Arnold Isenberg）的定義所言，「謊言是不相信它的人所做出的陳述，目的是引導別人相信它」[29]。當然，如此一來很難斷然地說某人撒謊，因為這麼說意味著知道別人腦子裡在想什麼。

這也使得語義上的歧義層出不窮。例如，在「另類事實」引發強烈爭議之後的新聞記者會上，前白宮新聞秘書尚恩·史派瑟解釋說，他的目標始終是對美國人民誠實：「我認為，有時候我們可以不同意一些「事實」……但我們絕對不是要刻意欺騙大眾」[30]。這一句話聽起來毫無意義，除非你將句中的「事實」一詞代換為「解讀」。

然而，這不僅只是意圖問題，哲學家唐．法里斯（Don Fallis）認為，任何定義都應該包含另一個重要元素[31]。要成為謊言，你必須在一個「以誠實表達為常規」的環境中，說出一些你認為是虛假的內容。例如，如果你在舞台上宣稱「我是丹麥人哈姆雷特」，那不是謊言，一般人對戲劇表演的期望是，在舞台上看到的一切並非真實的（這是西德尼爵士所提的論點，詩人從未對任何事下斷言，因此也從未說謊）。反之，如果你在法庭上聲稱，看到一位北歐紳士要刺傷他的叔叔，而你很清楚其實此事並未發生，那就是謊言，將立刻受到社會制裁。

儘管戲劇表演或宣誓做證的例子十分明確，但有一些情況並沒有那麼單純。以廣告為例。大多數社會都有監管機構，以確保廣告商不得對自家或競爭對手的產品做出虛假聲明。例如，英國的廣告標準管理局（ASA）旨在確保廣告「合法、正派、誠實、和真實」[32]。在美國，聯邦貿易委員會（FTC）也扮演同樣的角色。舉例來說，在豬流感最嚴重的時候，當早餐脆米片Rice Krispies在沒有足夠的科學依據之下，聲稱產品有助於「增進孩童免疫力」時，監管機構便可以介入規範[33]。

這是一件好事，保護了早餐麥片消費者免受操縱。但可惜的是，並沒有被用在監督政治廣告。政治廣告可以隨心所欲提出任何主張，而監管機構無權對其進行制裁，在美國，政治言論自由受到「憲法第一修正案」的保障。正如幾年前俄亥俄州法官對一場糾紛裁決所解釋的，「我們不希望由政府決定什麼是政治真相……在民主制度中，反而是選民應該做出決定」[34]。在英國，這種理念也大致相同，只是少了憲法賦予的明確理由。按照唐·法里斯的定義，無論政治廣告的主張是什麼，都不是真正的謊言，至少不會受到社會懲罰。

法里斯提出的論點，是以保羅·格萊斯（Paul Grice）的「對話合作原則」（cooperation principle）為基礎，亦即正常延續的社會互動，取決於人們能否符合某些規範和行為預期[35]。在強調誠實的情況下（針對大多數日常互動），說謊是一種不合作的行為，也就是交談雙方沒有合作建立有意義對話。

那麼，在這些參數範圍內，像川普這樣的人是在說謊嗎？當然，他常常前後言行不一，自相矛盾，也經常無憑無據妄下斷言。他「真誠的誇大」的基本模式，可以分為兩大趨勢：一是他對國家狀態的描述，召喚出「美國人被大屠殺」和「跛腳美國」（Crippled America）的意象[36]，雖然當時其實很多證據都表明，在過去的幾年中，經濟成長和就業率一直在上升[37]。其次是他對自我形象的陳述，尤其是挑戰那些他認為是攻擊自己聲望或成就的言論。

如果我們將意圖考慮在內，上述二者都不是明確的謊言。針對「美國人被大屠殺」的描述，雖然與美國整體經濟現況不符，但可能是大多數人的感受，尤其是製造業工作機會減少或消失的社區。同時，在心理學中，自戀者對自我形象充滿過度膨脹的自信心，川普似乎是典型的案例[38]。正如哲學家哈里．法蘭克福（Harry Frankfurt）所寫的，「川普是否真的在乎個人所言的真實性，不得而知。一個人除非自己知道所言虛假，否則不算撒謊，所以，如果川普真的相信自己說的話，我們不能肯定地說他在說謊[39]。也許正因為如此，有人對他明顯的錯誤陳述提出質疑時，對他的影響似乎不大，不同於其他政治人物。

政治論述的這個環節，過於自信的斷言、加上對事實證據的不屑一顧，也許最能代表後真相時代的特色。這種方法可概括於保守派作家詹姆斯．德林波勒（James Delingpole）瞬間自我反思的告白。在一次令人尷尬的電視採訪中，他一直未能回答一連串簡單的事實問題，以支持他對無協議脫歐影響的說法，隨後，德林波勒試圖為自己的表現辯解，說自己是「一個勇於冒險的人，總是沒空準備，把事情留到最後關頭，希望能夠利用魅力、頑皮的幽默、以及從記憶深處捕捉到的模糊相關訊息，即興發揮」[40]。這個定義也適用於當今許多更引人注目的政治人物。在這種情勢下，真理做為政治辯論的指導原則，幾乎變得無關緊要。

策略性的誤用語言

還有另一個很重要的問題，是川普和同一掛的政客曲解事實的手法，與他們操弄詞語和概念的方式有關。他們利用語言的靈活性，創造出似是而非的邏輯，做為推動中心論述的基礎。

當中的核心，是特別受陰謀論者歡迎的修辭技巧，也就是刻意誤用某些關鍵詞，完全悖離傳統的定義。比方說，以亞歷克斯．瓊斯經營的陰謀論者網站*InfoWars*對「真相」一詞的用法為例，「我們的團隊冒著來自全球主義者的威脅，每天致力於為大眾提供主流媒體和全球主義者不希望揭露的真相」[41]。正如前文所見，他們一直努力宣傳的「真相」之一是，桑迪胡克大屠殺完全是政府捏造的。此外，還有像九一一真相運動之類的組織，對這起恐攻事件的官方說法提出異議，也是企圖操弄「真相」一詞[42]。另外，在二〇〇四年總統大選期間，「快艇老兵說真相」（*Swift Boat Veterans for Truth*）❷的運動組織，試圖破壞候選人約翰．凱瑞的越戰英雄形象（最終*swiftboating*一詞演變成為描述可疑、或不真實的政治攻擊新詞）[43]。在這些案例子中，各組織都堅決使用「真相」一詞，與世界上一般公認的看法背

❷ 共和黨扇動美國越戰老兵組成的組織，用來砲轟民主黨籍總統參選人凱利的越戰紀錄。

道而馳，因此聲稱他們的主張才是真相。喬治．歐威爾在《一九八四》當中的「真相部」，再次提供了一個諷刺實例，這個部門實際上負責宣傳、並「整理」歷史記錄，以確保呈現的是政府認可的事件版本。

當然，正如書中講述的，語言被操弄以達到說服的目的。在此過程中，個別詞語的含義通常會被延伸或扭曲。從純粹技術的角度來看，將其歸類為語言的「誤用」是錯誤的，因為正是這種靈活性使語言成為強大的溝通工具。

另一方面，從道德的角度來看，這種操弄非常值得懷疑。最嚴重的情況，可能導致雙言巧語，也就是刻意扭曲或模糊語言的直接含義，企圖掩蓋事實的語言。這在軍事論述中尤為普遍，總是充斥著「加強審訊」（酷刑）和「種族淨化」（出於種族滅絕的動機）等用語。美國全國英語教師委員會（National Council of English Teachers）每年都會舉辦雙言巧語獎，頒給使用「極具欺騙性、閃爍其詞的、委婉的、混淆人心的、或自我本位語言」的那些人士44。過去的獲獎者包括美國國務院，他們在一九八四年（歐威爾式的巧合）宣布，關於海外侵犯人權行為的官方報告中，不再使用「殺人」一詞，而改採「非法、或任意剝奪性命」45。

然而，*InfoWars* 網站對「真相」一詞的操作，或川普假借「假新聞」的手法，卻大不相同。他們不單只想利用混淆或委婉的語言來掩蓋事件，反之，是以所謂的「策略性的誤用語言」（*strategic catachresis*）。*Catachresis* 為修辭術語，指明顯悖離其傳統的定義。或者，正如詹森博士所言，是「文字遭曲解，過度偏離其原本的含意」[46]。因此，「真相」一詞，被用在假設政府縝密的掩飾行動時，已經完全脫離了本意。事實上，「真相」被一個與主流世界觀迥異的團體策略性地併吞。對於相信這種世界觀的人來說，這不是雙言巧語，因為他們並不認為這是欺騙，只是嘗試重新校準語言。

重要的是，此手法若起作用的話，將牽涉到更廣泛的敘述。在這些例子當中，「真相」不再是可觀察的事實，而是指一種極端形式的反建制懷疑論，成為庶民百姓對抗隱祕、腐敗的菁英階層這種民粹主義敘事之一，基於主觀性和懷疑主義建構而成的世界觀。

諷刺的是，這種證據可信與否的社會危機，發生在現今資訊取得容易的時代。政治人物的言論不管是親口說出或聽到的，都會在網路上留下記錄。同樣的，科學共識和實證數據也不再隱藏於圖書館或學術研究室中，任何人都可以隨時隨地查閱。然而，虛假資訊依然盛行，其中一個關鍵原因，是在集體想像中占據主導地位的流行敘事，淩駕了對既定真理的絕對堅持。

合適的結局，或是反政治的悖論

本書一開頭簡單勾勒戲劇中最普遍的情節之一，正是競選公職的政治人物一次又一次使用的：

丹麥（美國華府或英國國會）出現腐敗現象，為了阻止腐敗（或徹底改變華府政治生態），政治素人需要挺身而出，一個沒有被權力殿堂的裙帶關係玷污、具有非典型的策略能力、能夠對抗狂妄自私的政治體制之人，站出來不只改變制度本身，也為數百萬擁護者的生活帶來改變。

我們一再看到候選人闡述自己的政治角色時，都會採用這種敘述。結果也一再證明，最善於利用敘事模式傳達訊息的人，最有機會成功捕捉選民的想像力。

對於有抱負的候選人來說，堅持一些基本的故事敘事原則，可能是通往權力之路重要的第一步，充分理解故事圍繞主角建構的方式、及如何利用對手角色提供的衝突，透過訴諸觀眾的價值觀，來激起一種道德憤怒感，而政治人物承諾實現的明確目標正代表這些價值觀。當談到角色性格時，一致性就等於真實，行動造就角色，而角色則創造了故事。要記住，在當今的媒體環境中，引人關注是最重要的，而形塑問題的語言框架，是故事講述過程中很關鍵的一環。沒錯，政治訊息很重要，但是，訊息傳達的方式才是決定成功與否的關鍵。

本書的主要目的，是研究故事敘事在政治中的基本作用，以及如何幫助我們更了解當前的政治環境，尤其是在民粹主義和後真相的影響下。但是，正如本書論證的，說故事並不僅限於說服力，這也在政治各個領域中隨處可見，是用來解釋和反映問題的強大工具，也是傳播虛假訊息的高效工具。不只是成功的競選活動策畫者善用敘事功能，那些試圖透過謊言和欺騙來破壞體制的人亦然。

然而，欲尋求有效的訊息傳達方式、訴求一場乾淨的選戰，與全然欺騙之間，存在一個中間地帶。我們可以說，正是這種中間地帶，最能代表當前的政治危機，當中敘事的特定操作，確實傷害了真相與現實的概念，逐漸走向虛構。

在《網路宣傳》（*Network Propaganda*）一書中，班克勒、法瑞斯和羅伯茨指出，政治敘事趨於虛構，而非事實呈現，可能對社會造成兩種極大的傷害，不僅動搖了民主概念，為負面文宣提供發展空間，同時也「使實際治理變得困難」[47]。後面這一點，充分顯現在英國脫歐計畫陷入僵局的事態發展。在整個全民公投和談判過程中，英國脫歐被概念化為關於控制、主權和國家認同的簡單故事。人們為自己立場辯護時使用的暗示和隱喻，逐漸進入虛構的境界，召喚出理想主義或反烏托邦情境，旨在激起支持者的情緒。然而，這個過程的實際政策影響絕非簡單之事。從審慎的立法角度來看，這是英國過去幾十年來牽涉到最複雜的情況之一，這種落差導致政策談判者無法將其複雜性，映現在簡單的民粹主義敘事中。

這種基本模式可見於全球當代政客的言論之中，利用簡單的故事來說服人民，而忽略現實的微妙性和複雜程度。其核心本質是一個驚人的悖論。政治成為廣受歡迎的觀賞活動，結合娛樂價值的實際後果，是產生了大量觀眾參與，同時也造成我們生活的時代，政界人士、議會和整個政治制度，受到前所未有的詆毀，他們的行為違背民意，他們的組成機構也不適任。結果就是，當今政治舞台上最突出的演員，是那些把自己包裝成非典型政治人物的人。我們正在經歷充滿後真相和民粹主義的時代，也將演變為反政治的時代，至少，是反政治的修辭言論。

這一切的後果，是讓建立在懷疑專業知識、證據和經驗之上的簡單故事版本占據政治優勢。儘管政治敘事非常有說服力，對於制定決策和解決問題也很有幫助，但也可能誤入歧途。當過於依賴廣泛的概括、演變成一維情節、以極簡的方式將所有事物聯繫在一起時，故事就背叛人類本應經歷的現實掙扎。

致謝

感謝丹・柏林卡（Dan Berlinka）、塞琳娜・帕卡德（Selina Packard）、亞歷山卓雅・耶爾加科普魯（Alexandra Georgakopoulou）、柯琳娜・賈索格魯（Korina Giaxoglou）、蓋伊・庫克（Guy Cook）、法蘭克・莫納漢（Frank Monaghan）和馬克・派克（Mark Pack）提供的各種想法、見解和建議，對本書的寫作過程有莫大助益。也非常感謝安德魯・沃德爾（Andrew Wardell）和布盧姆斯伯里出版社（Bloomsbury）的同事們，以及我的經紀人桑德拉・薩維卡（Sandra Sawicka），感謝他們從本書初步構想到出版成書這段期間一切的支持和指導。

本書中有一些章節片段早期曾經發表於

以下刊物：

- 〈世界年度代表字宣示黑暗、荒誕的二〇一六年〉（*The world's words of the year pass judgement on a dark, surreal 2016*），見刊於《對話》（*The Conversation*），二〇一六年十二月二十二日；
- 〈真實和另類事實：意義是一場流動的盛宴〉（*Truthiness and alternative facts: Meaning is a moveable feast*），見刊於《對話》，二〇一七年一月二十七日；
- 〈謊言、該死的謊言和行政命令：文字的力量和川普的總統之職〉（*Lies, damned lies, and executive orders: The power of words and the Trump presidency*），見刊於《*Diggit*》雜誌，二〇一七年二月十七日
- 〈唐納・川普真的在為無發言權者發聲嗎？〉（*Is Donald Trump really giving a voice to the voiceless?*），見刊於《赫芬頓郵報》，二〇一七年三月十七日
- 〈模糊的修辭技巧揭示攸關後真相政治的一切〉（*The obscure rhetorical technique that explains everything you need to know about post-truth politics*），見刊於《赫芬頓郵報》，二〇一八年五月三十日

參考文獻

第一部　世界末日政治

第1章

1. 保證：世界末日不會在星期五到來，http://www.npr.org/ sections/13.7/2012/12/19/167530202/a-guarantee-the-world-will-not- end-on-friday
2. 跨越二〇一二年：世界為何尚未終結，https://www.nasa.gov/topics/ earth/features/2012.html
3. 在俄羅斯一片恐慌中，官方說法是：世界末日尚未臨近，http://www. nytimes.com/2012/12/02/world/europe/mayan-end-of-world-stirs-panic-in-russia-and-elsewhere.html
4. 世界末日，並沒有發生，https://www.theguardian.com/ science/2012/dec/21/end-world-live-blog
5. 福特警告通用汽車（GM）及國家廣播公司（NBC）撤下末日主題的雪佛蘭超級杯廣告，http://jalopnik.com/5882408/chevy-claims-ford-begged-them-nbc-to-pull-apocalypse-themed-super-bowl-ad
6. 各品牌利用「即將到來的世界末日」，https://www.bloomberg.com/ news/articles/2012-12-19/brands-capitalize-on-the-impending-apocalypse
7. 二〇一六年真的是史上最糟糕的年份之一？http://www.telegraph.co. uk/men/thinking-man/is-2016-really-one-of-the-worst-years-in-history/
8. 充滿想像力和可能性的一年http://utopia2016.com
9. 傑瑞米．德勒（Jeremy Deller）為紀念湯瑪斯．摩爾的烏托邦五百週年升旗，https://www.theguardian.com/artanddesign/2016/jan/25/jeremy-deller-flies-flag-thomas-more-utopia-500-years-later
10. 我是艾塞克斯女孩，要求為「艾塞克斯女孩」一詞正名，並從字典中刪除，https://www.change.org/p/i-am-an-essex-girl-reclaim-essex-girl-and-remove-it-from-the-dictionary
11. 儘管發起運動，「艾塞克斯女孩」一詞將不會從《牛津英語詞典》中刪除，http://www.standard.co.uk/news/uk/essex-girls-oxford-english-dictionary-insists-it-wont-remove-term-despite-campaign-a3378331.html

12. 《劍橋詞典》宣布「偏執狂」為年度代表字，http://www.cambridgenetwork.co.uk/news/paranoid-announced-as-the-cambridge-dictionary-word-of-the-year/
13. Dictionary.com二〇一六年的年度詞彙：「仇外心理」，http://blog. dictionary.com/xenophobia/
14. 美國詞典呼籲，莫讓「法西斯主義」成為年度代表詞彙，https://www.theguardian.com/books/2016/dec/01/stop-fascism-becoming-word-of-the-year-urges-us-dictionary
15. 《韋氏詞典》年度代表字最終為何選出「超現實」，而非「法西斯主義」，http://www.vox.com/culture/2016/12/20/14008046/word-of-the-year- surreal-fascism
16. 《柯林斯英語詞典》二〇一六年十大年度詞彙，https://www.collinsdictionary.com/ word-lovers-blog/new/top-10-collins-words-of-the-year-2016,323,HCB. html
17. 超越川普主義和樂活（Hygge），英國脫歐被評選為年度代表字， https://www.theguardian.com/books/2016/nov/03/brexit-named-word-of-the-year-ahead-of-trumpism-and-hygge
18. 民主香腸成為年度代表字，酪梨醬早午餐（Smashed Avo），用鞋飲酒（Shoey）出局， http://www.abc.net.au/news/2016-12-14/democracy-sausage-snags-word-of-the-year/8117684
19. Le Festival du mot, http://www.festivaldumot.fr/article/le-mot-de-l-annee
20. 'Filterblase' ist das Wort des Jahres, http://www.20min.ch/community/ stories/story/-Filterblase--ist-das-Wort-des-Jahres-13588184
21. 川普被瑞士聾人協會評選為「年度手語代表字」，http://www.swiss info.ch/eng/sign-of-the-times_trump-chosen-as--sign-of--the-year--by-swiss-deaf-organisation/42766640
22. 「金」被評選為二〇一六年代表漢字http://en.rocketnews24.com/2016/12/ 12/gold-named-2016-kanji-of-the-year/
23. 奧地利學界的年度詞彙長達五十一個字母，幾乎難以完整說出， http://www.independent.co.uk/news/world/europe/austrian-academics-choose-bundespraesidentenstichwahlwiederholungsverschiebung-word-of-year-election-a7466176.html
24. 二〇一六年《牛津英語詞典》年度代表字是…https://www.oxforddiction aries.com/press/news/2016/11/17/WOTY-16
25. Wort des Jahres, http://gfds.de/aktionen/wort-des-jahres/
26. 美國方言協會票選二〇一六年的年度詞彙為「垃圾箱失火」（Dumpster Fire），http://www.americandialect.org/wp-content/uploads/2016- Word-of-the-Year-PRESS-RELEASE.pdf

27. Unwort des Jahres, http://www.unwortdesjahres.net

28. 「人民叛徒」是德國票選二〇一六年最糟糕的詞彙：原因在此，https://www.thelocal.de/20170110/traitor-of-the-people-is-germanys-worst-word-of-2016-heres-why

29. 二〇一六年是人類歷史上最偉大的年份之一，http://blogs. spectator.co.uk/2016/12/2016-one-greatest-years-ever-humanity/

30. 歡迎來到反烏托邦世界——喬治．歐威爾專家論唐納．川普，https://www.theguardian.com/commentisfree/2017/jan/25/george-orwell-donald-trump-kellyanne-conway-1984

第二章

1. 二〇一六年《牛津英語詞典》年度代表字是⋯https://www.oxforddiction aries.com/press/news/2016/11/17/WOTY-16

2. Williams, R. (2014 [1976]) *Keywords: A Vocabulary of Culture and Society*, Fourth Estate.

3. 戈夫表示，英國已經受夠了專家，https://www.ft.com/content/ 3be49734-29cb-11e6-83e4-abc22d5d108c

4. 脫歐陣營發起人亞倫．班克斯表示，靠事實贏不了選票，唐納．川普激勵了英國脫歐運動，http://www.independent.co.uk/news/uk/home-news/brexit-news-donald-trump-leave-eu-campaign-facts-dont-work-arron-banks-lies-referendum-a7111001.html

5. 大爆料：川普的選舉顧問被偷拍到揭露他們會用賄賂和性工作者誘陷政客，https://www.channel4.com/news/cambridge-analytica-revealed-trumps-election-consultants-filmed-saying-they-use-bribes-and-sex-workers-to-entrap-politicians-investigation

6. 歡迎來到川普的世界（Trumplandia），在此地感情勝過事實，http://theweek. com/articles/656455/welcome-trumplandia-where-feelings-trump-facts

7. Davies, W. (2018) Nervous States, London: Jonathan Cape, p. xvi.

8. 在美國總統辦公室的業餘者，https://www.theatlantic.com/magazine/ archive/2015/11/amateurs-in-the-oval-office/407830/

9. 川普稱事實查核者是「壞蛋」，https://www.washingtonpost.com/ video/politics/trump-calls-fact-checkers-bad-people/2018/08/13/af7147a8- 9f47-11e8-a3dd-2a1991f075d5_video.html

10. 黨派巨魔正在攻擊臉書最新的事實查核合作夥伴，https://www.poynter.org/news/partisan-trolls-are-attacking-facebooks-latest-fact-checking-partners
11. Nichols, T. (2017) *The Death of Expertise*, Oxford University Press, p. ix.
12. McIntyre, L. (2018) *Post-truth*, MIT Press.
13. Kakutani, M. (2018) *The Death of Truth*, New York: HarperCollins.
14. 二〇一七年一月二十二日《會見媒體》訪談，https://www.nbcnews.com/meet-the-press/meet- press-01-22-17-n710491
15. 「另類事實」被評為年度最差詞彙，https://www.plaineng lishfoundation.com/documents/10179/54323/PEF%20Worst%20Words%20 of%20the%20Year%20media%20release%202017.pdf
16. 計程車司機的論點，https://www.youtube.com/watch?v=4n-UGQcG3Jw
17. 身為科學家，我們的任務就是找出真相，但我們也必須是講故事者，https://www.theguardian.com/commentisfree/2018/jul/20/our-job-as- scientists-is-to-find-the-truth-but-we-must-also-be-storytellers
18. Latour, B. and Woolgar, S. (1979) *Laboratory Life: The Construction of Scientific Facts*, Sage, p. 88.
19. https://twitter.com/MerriamWebster/status/823221915171061760
20. 康威：「另類事實」，https://www.merriam-webster.com/news-trend- watch/conway-alternative-facts-20170122
21. 生活在墨菲定律的恐懼中，http://www.writestuff.fi/blog/living-in-fear- of-muprhys-law.
22. https://twitter.com/realdonaldtrump/status/1014286054805987330?lang=en
23. https://twitter.com/MerriamWebster/status/1014270254049087488
24. Jackson, H. (2002) *Lexicography: An Introduction*, London: Routledge.
25. Williams, R. (2014 [1976]) *Keywords: A Vocabulary of Culture and Society*, Fourth Estate, p. 11.
26. 「只是一種推測」：七個誤用的科學詞彙，https://www.scientificamerican. com/article/just-a-theory-7-misused-science-words/
27. 讚美《城市詞典》，www.guardian.co.uk/books/2011/apr/21/ in-praise-urban-dictionaries

28. 歐巴馬健保計畫，http://www.urbandictionary.com/define.php?term=ObamaCare &page=3
29. 凱莉安．康威成知名人物，http://nymag.com/daily/intelligencer/2017/03/kellyanne-conway-trumps-first-lady.html
30. 學者在假新聞時代利用新詞典幫助學生，https://www.timeshighereducation.com/news/academics-use-new-dictionary-aid-students-era-fake-news
31. 事實，http://www.allsides.com/dictionary/facts
32. 臉書標榜影片指標，概述更嚴格的節目資金審查原則，https://www.axios.com/facebook-touts-video-watch-platform-metrics-17385ab1-2861-4e12-a9ca-1866e1faddd8.html
33. 「真相並非真相」：朱利安尼以新歐威爾式的語言戰勝了「另類事實」，https://www.theguardian.com/us-news/2018/aug/19/truth-isnt- truth-rudy-giuliani-trump-alternative-facts-orwellian
34. 川普代言人自信扔下麥克風：「沒有事實這種東西」，http://www.esquire.com/news-politics/videos/a51152/trump-surrogate- no-such-thing-as-facts/
35. Nietzsche, F. (2003) *Writings from the Late Notebooks*, Cambridge University Press, p. 139.
36. Thucydides (2009) *The Peloponnesian War*, trans. M. Hammond, Oxford University Press, pp. 170–1.
37. Aristotle (1991) *The Art of Rhetoric*, trans. H. Lawson-Tancred, Penguin, pp. 140–1.
38. Hume, D. (1985 [1738]) *A Treatise on Human Nature*, Penguin, Book 2, Part 3 Section 3.
39. Huxley, A. (1958) *Brave New World Revisited*, Harper & Brothers.
40. Kahneman, D. (2011) *Thinking, Fast and Slow*, Penguin, p. 12.
41. Hugo Mercier, H. and Sperber, D. (2017) *The Enigma of Reason*, Harvard University Press.

第3章

1. 揭露：四分之一的歐洲人投票支持民粹主義者，https://www.theguardian. com/world/ng-interactive/2018/nov/20/revealed-one-in-four-europeans- vote-populist
2. 民粹主義如何定義當今時代的概念，https://www.the guardian.com/commentisfree/2018/nov/22/populism-concept-defines-our-age

3. 面對時代，https://www.nratv.com/episodes/commentators-season-7-episode-1-taking-on-the-times

4. Hawkins, K. A. and Rovira Kaltwasser, C. (2017) 'The Ideational Approach to Populism', *Latin American Research Review*, 52: 4, pp. 513–28.

5. 卡明斯：脫歐陣營贏得全民公投的原因，Nudgestock 2017, https://youtu.be/CDbRxH9Kiy4

6. Eatwell, R. and Goodwin, M. (2018) *National Populism: The Revolt Against Liberal Democracy*, London: Pelican, p. 48.

7. 自由主義者必須學會情感政治，以擊敗右翼民粹主義者， https://www.theguardian.com/commentisfree/2018/nov/26/liberals-politics-emotion-right-wing-populists

8. 重新思考愛德華．斯諾登（Edward Snowden）事件，https://www.nybooks.com/daily/2018/ 09/13/edward-snowden-reconsidered/

9. Laclau, E. (2005) *On Populist Reason*, Verso.

10. Anderson, B. (1983) *Imagined Communities: Reflections on the Origin and Spread of Nationalism*, Verso.

11. 《太陽報》聲稱，這是我們在歷史性脫歐公投前給國會議員們的訊息，英國過去信任你們，現在換你們信任英國，https://www.the sun.co.uk/news/6505185/the-sun-says-great-britain-brexit-vote-betrayal-leave-remain/

12. 英國脫歐：來自四個政黨的國會議員共同發起「推動人民投票」運動，https://www.theguardian.com/uk-news/2018/apr/15/brexit-mps-from-four-parties-jointly-launch-push-for-peoples-vote

13. Muller, J.-M. (2016) *What Is Populism?* Penguin.

14. 這個現象類似於亞歷珊德拉．喬戈科普盧（Alexandra Georgacopoulou）關於密切共享歷史的朋友之間使用「參考」故事的概念。Georgakopoulou, A. (2005) 'Same Old Story? On the Interactional Dynamics of Shared Narratives', in U. Quasthoff and T. Becker (eds), *Narrative Interaction, Benjamins,* pp. 223–41.

15. 杜魯斯集會的失控：川普對抗議者及「菁英」吆喝，https://www.yahoo.com/news/meltdown-duluth-trump-yells-protesters-elites-rally-130345147.html

16. Williams, R. (2014 [1976]) *Keywords: A Vocabulary of Culture and Society*, Fourth Estate, p. 112.

17. 從川普到鮑里斯強森：富裕之人如何了解「真正的平民」想要什麼， https://amp.theguardian.com/commentisfree/2018/nov/23/trump-boris-johnson-rightwing-populists

18. 唐納．川普欠喬治．華萊士的恩情，https://www.nytimes.com/ 2016/01/10/opinion/campaign-stops/what-donald-trump-owes-george- wallace.html

19. https://twitter.com/LeaveMnsLeave/status/1053181556704112640
20. https://twitter.com/nhsvbrexit/status/1053209505985675264?s=21
21. Davies, W. (2018) Nervous States, Jonathan Cape, p. 26. Ruth Wodak makes much the same point in Wodak, R. (2017) 'The "Establishment", the "Élites", and the "People": Who's Who?' *Journal of Language and Politics*, 16: 4, p. 557.
22. 法國青年的反抗助長了極右勢力發展，https://www.washingt onpost.com/sf/world/2017/04/19/a-youth-revolt-in-france-boosts- the-far-right/
23. 川普：我們的競選是要替弱勢族群發聲，https://grabien.com/story.php?id=64409; Donald Trump accepts nomination, says he's voice for the voiceless, http://www.dispatch.com/ content/stories/local/2016/07/21/0721-GOP-main-story.html
24. 川普宣布移民犯罪計畫：「它就叫做VOICE（發聲）」，http://uk.businessinsider.com/its-called-voice-trump-announces-immigration-crime-program-immigration-crime-2017-2
25. Spivak, G. (1988) 'Can the Subaltern Speak?' in C. Nelson and L. Grossberg (eds), *Marxism and the Interpretation of Culture*, University of Illinois Press, pp. 271–313.
26. http://americasvoice.org/about-us/
27. 川普的移民犯罪辦公室正在進行戲劇性變革，https://uk.news. yahoo.com/trumps-office-immigrant-crime-dramatic-overhaul-190652046. html
28. 白宮官員表示：反對非法移民犯罪辦公室的人『非美國人』，http://edition.cnn.com/2017/03/02/politics/kfile-gorka-on-voice/

第二部　塑造故事

第4章

1. 當你把政治當成娛樂，就會在艾美獎上看到尚恩．史派瑟，https://www.washingtonpost.com/news/wonk/wp/2017/09/18/when-you-treat-politics-as-entertainment-you-get-sean-spicer-at-the-emmys/
2. 「就像演藝圈一樣」：為什麼名人正在接管政治，https://www.smh.com.au/opinion/just-like-show-business-why-celebrities- are-taking-over-politics-20180115-h0ibp5.html

3. Evans, R. (1994) *The Kid Stays in the Picture*, Faber and Faber, p. 217.
4. Kalder, D. (2018) *Dictator Literature: A History of Despots through Their Writing*, Oneworld.
5. 丹尼爾．卡爾德獨裁者文學書評，https://www.theguardian.com/books/2018/apr/25/dictator-literature-daniel-kalder-review
6. 《種族精神》（*Raza*）：佛朗哥「失落」電影的奇妙故事，http://www.bbc.com/culture/ story/20180921-raza-the-strange-film-that-franco-left-behind
7. 「薩達姆的小說」在東京發售，http://news.bbc.co.uk/1/hi/world/mi ddle_east/4996116.stm
8. 艾爾多安，你幹了什麼事？https://www.pastemagazine.com/articles/ 2017/04/erdogan-what-have-you-done.html
9. 《馬蜂窩》（*The Hornet's Nest*），https://www.kirkusreviews.com/book-reviews/jimmy- carter/the-hornets-nest/
10. 在政治小說中，歐盟不是不存在，就是被描繪成腐敗和反烏托邦，http://blogs.lse.ac.uk/europpblog/2013/03/13/political-fiction-european-union-eu-steven-fielding-corruption-dystopian/
11. 唐納．川普是第一位真人秀電視出身的總統，http://time.com/ 4596770/donald-trump-reality-tv/
12. 唐納．川普「糟透的」人鬼性愛浪漫喜劇金酸莓獎內幕，https://www.thedailybeast.com/inside-donald-trumps-atrocious-razzie- winning-ghost-sex-rom-com
13. 唐納．川普演出《花花公子》隱晦的色情影片，https://www. huffingtonpost.co.uk/entry/donald-trump-playboy-porn_us_57eee2fe4b0 c2407cde0fd2
14. 好萊塢對史蒂夫．班農的印象，https://www.newyorker.com/ magazine/2017/05/01/how-hollywood-remembers-steve-bannon
15. 唐納．川普的首席策士史蒂夫．班農如何描繪好萊塢的外太空性愛場景， https://www.thedailybeast.com/how-donald- trumps-top-guy-steve-bannon-wrote-a-hollywood-sex-scene-set-in-outer-space
16. 史蒂夫．班農（川普的競選總監）編寫的一部饒舌音樂劇，https://www.thedailybeast.com/steve-bannon-donald-trumps-campaign-ceo-once-wrote-a-rap-musical
17. 莎拉．裴琳（Sarah Palin），電影明星？https://blogs.wsj.com/speakeasy/2011/07/13/ the-undefeated-sarah-palin-movie-star/
18. 我們從獨裁者文學中學到什麼？https://quillette.com/2018/ 12/14/what-can-we-learn-from-dictators-literature/

19. 例如：Harari, Y. N. (2011) Sapiens: A Brief History of Humankind, Harper.
20. White, H. (1980) 'The Value of Narrativity in the Representation of Reality', *Critical Inquiry*, 7: 1, p. 5.
21. 新聞稿：PwC娛樂暨媒體展望報告，到二〇二一年美國產業支出將達到七五九〇億美元，https://www.pubexec.com/article/press-release-pwcs-entertainment-media-outlook-forecasts-u-s-industry-spending-reach-759-billion-2021/
22. Polletta, F. (2006) *It Was Like a Fever: Storytelling in Protest and Politics*, University of Chicago Press.
23. Salmon, C. (2010) *Storytelling: Bewitching the Modern Mind*, Verso.
24. Kahneman, D. (2011) *Thinking, Fast and Slow*, Penguin, pp. 24, 29.
25. 川普是個很厲害的說故事者，我們需要比他更厲害才行，https://www.nytimes. com/2016/12/10/opinion/sunday/trump-is-a-great-storyteller-we-need-to-be-better.html
26. 歐巴馬：我最大的失敗是沒有形塑一個故事，https://m.youtube. com/watch?v=QXI-rIX0Usk
27. Cornog, E. (2004) *The Power and the Story: How the Crafted Presidential Narrative Has Determined Political Success from George Washington to George W. Bush*, Penguin.
28. 高爾、布希在減稅問題的衝突，http://www.washingtonpost.com/wp-srv/ aponline/20001003/aponline230544_000.htm
29. 如何贏得選舉，https://www.nytimes.com/video/opinion/1000000 04216589/how-to-win-an-election.html
30. 笨蛋，問題在說故事：唐納・川普比希拉蕊・柯林頓聰明之處，https://www.thedailybeast.com/its-storytelling-stupid-what-made-donald-trump-smarter-than-hillary-clinton
31. 講故事大師的寓言，http://chinamediaproject.org/2017/ 09/29/the-fable-of-the-master-storyteller/
32. 敘事，https://www.nytimes.com/2004/12/05/magazine/narrative.html
33. 民主勝利專案小組，總結報告和行動計畫，https://uploads.democrats.org/Downloads/DVTF_FinalReport.pdf
34. 保羅・里科：艾曼紐・馬克宏背後的哲學家，https://www. irishtimes.com/culture/paul-ricoeur-the-philosopher-behind-emmanuel-macron-1.3094792
35. Ricoeur, P. (1988) *Time and Narrative, Volume 3*, trans. K. Blamey andD. Pellauer, University of Chicago Press.
36. 探索馬克宏的思想：帶點保羅・里科的色彩，https://www.institutmonta igne.org/en/blog/inside-macrons-mind-tint-paul-ricoeur

37. NATO全面作戰計畫指令，https://publicintell igence.net/nato-copd/
38. NATO戰略傳播軍事概念，https://publicintell igence.net/nato-stratcom-concept/
39. Laity, M. (2015) 'Nato and the Power of Narrative', in J. Jackson, T. Thomas,M. Laity and B. Nimmo (eds), *Information at War: From China's Three Warfares to NATO's Narratives*, Legatum Institute, pp. 22–9.
40. 阿道斯．赫胥黎接受伊頓聘任，http://www.history.com/this-day-in- history/aldous-huxley-is-hired-at-eton
41. 《一九八四》、《美麗新世界》，http://www.lettersofnote.com/2012/03/1984-v- brave-new-world.html
42. Williams, R. (1979) *Politics and Letters: Interviews with New Left Review*, Rowman & Littlefield, p. 384.
43. 上一次《一九八四》的銷售如此激增，是在愛德華．斯諾登揭露美國的大規模監視系統之後。
44. 總統相關新聞報導的傳統方法已死，而川普的新聞秘書正是扼殺它的兇手，https://www.washingtonpost.com/lifestyle/style/ the-traditional-way-of-reporting-on-a-president-is-dead-and-trumps-press-secretary-killed-it/2017/01/22/75403a00-e0bf-11e6-a453-19ec4b3d09 ba_story.html
45. Susskind, J. (2018) *Future Politics*, Oxford University Press, p. 12.
46. Arendt, H. (1970) *Men in Dark Times*, Jonathan Cape, p. 105.
47. Sidney, P. (1973 [1595]) *An Apology for Poetry: Or, The Defence of Poesy*, ed.G. Shepherd, Manchester University Press, p. 107.
48. 伊麗莎白．莫斯（Elisabeth Moss）談論《侍女的故事》：「這正發生在現實生活中，喚醒人們」，https://www.theguardian.com/tv-and-radio/2018/may/05/elisabe th-moss-handmaids-tale-this-is-happening-in-real-life-wake-up-people
49. 瑪格麗特．艾特伍德談論《侍女的故事》在川普時代的意義，https://www.nytimes.com/2017/03/10/books/review/margaret-atwood-handmaids-tale-age-of-trump.html
50. 面對強烈反彈，網站撤下《侍女的故事》性感的萬聖節服裝，https://etcanada.com/news/369844/website-removes-sexy-handmaids-tale-halloween-costume-after-backlash/
51. Cosplay無法解決迷因鴻溝，注定#Resistance失敗，https://www.wired.com/story/politics-meme-gap/
52. 美國與伊朗：宛如《我的失憶女友》情節，https://www.newyorker. com/news/news-desk/the-united-states-and-iran-its-like-50-first-dates

53. 莉亞公主為婦女遊行帶來了新的希望，https://www.wired. com/2017/01/princess-leia-womens-march/
54. 什麼是政治抵抗？探索文字及其政治意涵，http://www.publicseminar.org/2017/02/what-is-political- resistance/
55. 這種共同選擇絕不是一個新的現象。歐威爾的《動物農莊》出版後，立即受到右翼人士擁護，他對蘇聯極權主義的譴責，也被認為是對社會主義理想的攻擊，進而率先引發俄羅斯革命。
56. 令人髮指的歐威爾式…政治迫害…不，鮑里斯絕非種族主義者，https://www.pressreader.com/uk/daily-mail/20180810/281479277241902
57. 雷根呼籲太空導彈防禦計畫，https://www.nytimes.com/1985/03/30/us/reagan-presses-call-for-antimissile-plan-before-space-group.html
58. 迪克．錢尼：化身達斯．維達也不錯，http://www.nbcnews.com/id/2157 5478/ns/politics-white_house/t/cheney-being-darth-vader-not-so-bad/
59. 達斯．維達主題音樂，迪克．錢尼令共和黨支持者讚嘆不已，https://www.politico.com/states/florida/story/2015/11/to-darth-vaders-theme-music-dick-cheney-wows-gop-crowd-027930
60. 喬治．盧卡斯創作《星際大戰》做為自由主義者的警告，保守派隨後反擊，http://time.com/4975813/star-wars-politics-watergate-george- lucas/
61. https://www.empireonline.com/movies/features/star-wars-archive-george-lucas-1999-interview/
62. 川普一再聲稱「人民公敵」，但此一詞語有一段醜陋的歷史，https://www.businessinsider.com/history-of-president-trumps-phrase-an-enemy-of-the-people-2017-2
63. 卸職後的保羅．達克最後一次的抨擊，https://www.theguardian.com/ media/2018/nov/04/paul-dacre-ex-daily-mail-liberal-brexit-hating-media-speech

第5章

1. MacCabe, C. and Yanacek, Y. (2018) *Keywords for Today: A 21st Century Vocabulary*, Oxford University Press, pp. 241–2.
2. Lyotard, J.-F. (1984) *The Postmodern Condition: A Report on Knowledge*, trans. G. Bennington and B. Massumi, University of Minnesota Press.

3. De Fina, A. (2017) 'Narrative Analysis', in R. Wodak and B. Forchtner (eds),*The Routledge Handbook of Language and Politics*, Routledge, pp. 233–46.
4. Atkins, J. and Finlayson, A. (2013) '"... A 40-Year-Old Black Man Made the Point to Me": Everyday Knowledge and the Performance of Leadership in Contemporary British Politics', *Political Studies*, 61, p. 173.
5. Green, M. C. and Brock, T. C. (2000) 'The Role of Transportation in the Persuasiveness of Public Narratives', *Journal of Personality and Social Psychology*, 79: 5, p. 719.
6. Silbert, L. J., Honey, C. J., Simony, E., Poeppel, D. and Hasson, U. (2014) 'Coupled Neural Systems Underlie the Production and Comprehension of Naturalistic Narrative Speech', *Proceedings of the National Academy of Sciences of the United States of America*, 111: 43.
7. 灰姑娘男人，達蒙．魯尼恩，《紐約美國人》（*The New York American*），一九三五年六月十四日，https://deadlineartists.com/contributor-samples/the-cinderella-man-damon-runyon-the-new-york-american/
8. 為什麼灰姑娘的故事能引起共鳴，歷久不衰，https://www.smithson ianmag.com/smithsonian-institution/does-world-need-yet-another-cinderella-180954549/
9. 「灰姑娘男人」詹姆斯．布拉多克在家鄉接受雕像禮遇，https://www.ringtv.com/539280-cinderella-man-james-braddock-gets-statue-treatment-in-hometown/
10. Goldschmied, N. and Vandello, J. A. (2009) 'The Advantage of Disadvantage: Underdogs in the Political Arena', *Basic and Applied Social Psychology*, 31: 1, pp. 24–31.
11. Propp, V. (1968 [1927]) *Morphology of the Folktal*e, trans. L. Scott, University of Texas Press.
12. Hogan, P. C. (2016) 'Story', *Literary Universals Project*, https://literary- universals.uconn.edu/2016/11/20/story/
13. Vonnegut, K. (2005) *A Man Without a Country*, Seven Stories Press.
14. Del Vecchio, M., Kharlamov, A., Parry, G. and Pogrebna, G. (2018) 'The Data Science of Hollywood: Using Emotional Arcs of Movies to Drive Business Model Innovation in Entertainment Industries', https://arxiv.org/ abs/1807.02221
15. Tobias, R. B. (2003) *20 Master Plots: And How to Build Them*, Writer's Digest Books.
16. Snyder, B. (2005) *Save the Cat! The Last Book on Screenwriting You'll Ever Need*, Michael Wiese Productions.
17. Reagan, A. J., Mitchell, L., Danforth, C. M. and Sheridan Dodds, P. (2016) 'The Emotional Arcs of Stories are Dominated by Six Basic Shapes', *EPJ Data Science*, 5: 31.

18. Booker, C. (2004) *The Seven Basic Plots*, Bloomsbury.
19. Hogan, P. C. (2009) *Understanding Nationalism: On Narrative, Identity, and Cognitive Science*, Ohio State University Press.
20. Hogan, P. C. (2003) *The Mind and Its Stories: Narrative Universals and Human Emotion*, Cambridge University Press.
21. 追溯一個網路迷因，成為共和黨的口號，https://www.nytimes.com/interactive/2018/11/04/technology/jobs-not-mobs.html
22 唐納．川普講了一個虛假的美國故事，我們必須說出真實的故事， https://www.theguardian.com/commentisfree/2019/mar/04/donald-trump-american-story-robert-reich
23. 《日正當中》幕後的祕密故事，https://www.vanityfair.com/hollywood/ 2017/02/high-noons-secret-backstory
24. 《星際大戰》比你想像的更具政治性，https://www.huffingtonpost. com/entry/star-wars-is-more-political-than-you-think_us_590b663de4b0 56aa2363d298
25. Rinzler, J. W. (1983) *The Making of Star Wars: Return of the Jedi*, Ballantine Books.
26. The Aura of Arugulance, https://www.nytimes.com/2009/04/19/opinion/19dowd.html
27. 喬治．盧卡斯在他的處女作《五百年後》（*THX 1138*）影片當中，也是這麼做的，其中包括節選理查．尼克森的演講片段，做為對話的一部分，(THX 1138, the George Lucas Director's Cut Two-Disc Special Edition, Warner Brothers).
28. 單一故事的危險性，https://www.nytimes.com/2016/04/19/ opinion/the-danger-of-a-single-story.html
29. 柯林頓、布萊爾、倫茲：我們為何輸了，又該如何反擊，https://www. theguardian.com/world/2018/nov/22/clinton-blair-renzi-why-we-lost-populists-how-fight-back-rightwing-populism-centrist
30. 英國脫歐背後的偏執幻想，https://www.theguardian.com/ politics/2018/nov/16/brexit-paranoid-fantasy-fintan-otoole
31. 六個字傳達重點，https://www.sixwordmemoirs.com/about/ #story-of-six-words.
32. 約翰．麥克唐納稱溫斯頓．邱吉爾為「惡棍」，http://www.bbc.co.uk/ news/uk-politics-47233605
33. https://twitter.com/bbclaurak/status/1095803128123920385
34. 單一故事的危險性，https://youtu.be/D9Ihs241zeg

第6章

1. 這是肯伊・威斯特與川普總統的詭異會面對話內容，https://eu.usatoday.com/story/life/people/2018/10/12/heres-every-word-kanye-wests-bizarre-meeting-president-trump/1609230002/
2. 約翰・約克　John Yorke: 'Into the Woods', Talks at Google, https://www.youtube.com/ watch?v=P0UZHUnB5pQ
3. Todorov, T. (1969) 'Structural Analysis of Narrative', *NOVEL: A Forum on Fiction*, 3: 1, pp. 70–6.
4. Polletta, F. (2006) *It Was Like a Fever: Storytelling in Protest and Politics*, Chicago University Press, p. 10.
5. Campbell, J. (1949) *The Hero with a Thousand Faces*, Princeton University Press, p. 23.
6. Yorke, J. (2013) *Into the Woods: A Five-Act Journey into Story*, Penguin.
7. Hogan, P. C. (2003) *The Mind and Its Stories: Narrative Universals and Human Emotion*, Cambridge University Press.
8. Field, S. (1979) *Screenplay: The Foundations of Screenwriting*, Dell Publishing Company, p. 25.
9. Snyder, B. (2005) *Save the Cat! The Last Book on Screenwriting You'll Ever Need*, Michael Wiese Productions, p. 55.
10. Vonnegut, K. (2005) *A Man Without a Country*, Seven Stories Press, p. 37.
11. 《哈姆雷特》第二幕，第二場，第541行。
12. Kozintsev, G. (1966) *Shakespeare, Time and Conscience*, trans. J. Vining, Hill and Wang.
13. 川普表示，美國憲法第二修正案的權利「正受到圍剿」，他在全美步槍協會的集會演講中，誓言為他們守護，http://time.com/5265969/donald- trump-nra-convention-speech/.
14. 私人採訪內容。
15. 情資報告：受普丁之命，俄羅斯企圖影響美國總統大選，https://www.usnews.com/news/world/articles/2017-01-06/intelligence-report-on-vladimir-putins-orders-russia-sought- to-influence-presidential-election
16. Johnson, B. (2014) *The Churchill Factor*, Hodder and Stoughton, p. 8.
17. Fisher, W. R. (1987) *Human Communication as Narration: Towards a Philosophy of Reason, Value, and Action*, University of South Carolina, pp. 146–7.
18. https://twitter.com/realDonaldTrump/status/1068442531887632384
19. 勇於改變—亞歷山德里婭・歐加修—寇蒂茲，https://m.youtube. com/watch?v=rq3QXIVR0bs

20. 二〇一九年二月二十七日，麥可．科恩在美國眾議院監督改革委員會的證詞，https://int.nyt.com/data/documenthelper/636-michael-cohens-congressional-t/3a1530b333230e7 75df5/optimized/full.pdf

21. Wodak, R. and Krzyżanowski, M. (2017) 'Right-Wing Populism in Europe & USA: Contesting Politics & Discourse Beyond "Orbanism" and "Trumpism"', *Journal of Language and Politics*, 16: 4, pp. 475.

22. Lempert, M. and Silverstein, M. (2012) *Creatures of Politics Media, Message, and the American Presidency*, University of Indiana Press.

23. 在英國，鮑里斯．強森的一些支持者在他二〇一九年成為首相之前，也做出完全相同的判斷。（我曾是鮑里斯．強森的上司：他完全不適合擔任首相），https://www.the guardian.com/commentisfree/2019/jun/24/boris-johnson-prime-minister- tory-party-britain）

24. Lempert, M. and Silverstein, M. (2012) *Creatures of Politics Media, Message, and the American Presidency*, University of Indiana Press, p. 16.

25. Stonor Saunders, F. (2001) *Who Paid the Piper? The CIA and the Cultural Cold War*, Granta.

26. Leab, D. J. (2007) *Orwell Subverted: The CIA and the Filming of Animal Farm*, Penn State University Press.

27. 有人猜測這個結局是真實還是虛構的，原始電影被歐威爾所有權人取消發行。將一切保存在（核心）家庭成員中：老大哥、BBC姨媽、山姆大叔和喬治．歐威爾的《一九八四》，http://frames cinemajournal.com/article/keeping-it-all-in-the-nuclear-family-big-brother-auntie-bbc-uncle-sam-and-george-orwells-nineteen-eighty-four/

28. Goldman, W. (1983) *Adventures in the Screen Trade*, Abacus.

29. Booker, C. (2004) *The Seven Basic Plots,* Bloomsbury, p. 18.

30. Brooks, P. (1984) *Reading for the Plot: Design and Intention in Narrative*, Knopf.

31. Labov, W. and Waletzky, J. (1997) 'Narrative Analysis: Oral Versions of Personal Experience', *Journal of Narrative and Life History*, 7: 1–4, pp. 3–38.

32. 英國脫歐第二次公投可能真的會發生，https://www.gq- magazine.co.uk/article/second-brexit-referendum-could-happen

33. 「你粉飾了腐敗」：詹姆斯．格雷厄姆和凱洛．卡德瓦勒德談電影《脫歐之戰》，https://www.theguardian.com/tv-and-radio/ 2019/jan/07/you-whitewashed-the-corruption-james-graham-and-carole-cadwalladr-on-brexit-the-uncivil-war

34. 多明尼克．卡明斯的行為調查，https://publications.parliament.uk/pa/ cm201719/cmselect/cmprivi/1490/149003.htm

第三部　語言與修辭

第7章

1. 如何贏得選舉，https://www.nytimes.com/video/opinion/1000000 04216589/how-to-win-an-election.html
2. 二〇〇四年民主黨全國代表大會基調演說，http://p2004.org/ demconv04/obama072704spt.html
3. Morreale, J. (1993) *The Presidential Campaign Film: A Critical History*, Praeger.
4. Albertazzi, D. (2007) 'Addressing "the People" – A Comparative Study of the Lega Nord's and Lega dei Ticinesi's Political Rhetoric and Style of Propaganda', *Modern Italy*, 12: 3, p. 335.
5. 「你不知道誰會來」（Little Know Ye Who's Coming），約翰．昆西．亞當斯，https://folkways.si. edu/oscar-brand/little-know-ye-whos-coming-john-quincy-adams/childrens-historical-song/music/track/smithsonian
6. 約翰．甘迺迪總統競選歌曲「寄予厚望」，https://www.jfklibrary.org/learn/about-jfk/life-of-john-f-kennedy/fast-facts-john-f-kennedy/high-hopes
7. 共和黨競選歌曲：「與迪克一拍即合」，https://archive.org/details/ calasus_000061
8. 麥肯．滕博爾競選口號「延續與變革」與《副人之仁》如出一徹，https://www.theguardian.com/australia-news/2016/mar/23/malcolm-turnbulls-continuity-and-change-slogan-straight-out-of-veep
9. 希拉蕊．柯林頓測試八十五種競選口號，https://www.ny times.com/2016/10/20/us/politics/hillary-clinton-campaign-slogans.html
10. 如果留歐派再犯同樣的錯誤，將會再輸一次，https://www.theguardian.com/commentisfree/2018/dec/13/remain-mistakes-brexit-leavers
11. 卡明斯說明脫歐派為何能夠贏得全民公投，Nudgestock 2017, https://youtu.be/CDbRxH9Kiy4
12. 禁用「非法移民」（Illegal Immigrant）一詞，https://blog.ap.org/announcements/illegal- immigrant-no-more
13. 美國司法部：採用「非法外國人」，而非「無證件」，https://edition. cnn.com/2018/07/24/politics/justice-department-illegal-aliens-undocum ented/index.html
14. 十位歷任總統說美國是「移民國家」，政府機構不再認同，https://qz.com/1213959/uscis-deleted-nation- of-immigrants-from-its-official-mission-statement/

15. https://twitter.com/the_tpa/status/1070372258785443843?s=21
16. 這兩個數字都是針對二〇一六年，即國民生活工資首次生效的那一年。生活工資基金會之計算，https://www.livingwage.org.uk/calculation
17. Weston, D. (2007) *The Political Brain, PublicAffairs*, p. 369.
18. Hasher, L., Goldstein, D. and Toppino, T. (1977) 'Frequency and the Conference of Referential Validity', *Journal of Verbal Learning and Verbal Behavior*, 16: 1, pp. 107–12.
19. 了解川普，https://georgelakoff.com/2016/07/23/understan ding-trump-2/
20. 凱倫．韓德爾（Karen Handel）落入「我不是騙子」的陷阱：「我不支持生存工資之說！」https://georgelakoff.com/2017/06/07/karen-handels-i-am-not-a-crook-moment-i-do-not-support-a-livable-wage/
21. 英國脫歐Brexit成功的造字，https://www.spectator.co.uk/2016/09/ brexit-the-triumph-of-a-word/
22. Lakoff, G. (2014) *The ALL NEW Don't Think of an Elephant!* Chelsea Green.

第8章

1. 媚俗博物館（Kitsch museum）
2. Thom, F. (1987) *La Langue de Bois*, Julliard.
3. 解讀北韓政府的大魚和蘑菇口號，https://www.bbc. com/news/blogs-magazine-monitor-31446387
4. 拙劣語言：官方語言的使用和濫用–公共行政委員會，https://publications.parliament.uk/pa/cm 200910/cmselect/cmpubadm/17/1705.htm#a1
5. Scruton R. (2006) *A Political Philosophy: Arguments for Conservatism*, Continuum.
6. Kakutani, M. (2018) *The Death of Truth*, Harper Collins.
7. 當德蕾莎．梅伊表示英國脫歐談判正處於「最後階段」，國會議員哄堂大笑，https://www.mirror.co.uk/news/politics/mps-burst-out-laughing-theresa-13420619
8. https://twitter.com/BBCPolitics/status/1019540436044603393

9. 「Brexit Means Brexit」實質意義為何？https://www.bbc.co.uk/news/uk- politics-36782922.
10. https://twitter.com/jacob_rees_mogg/status/1017697423865589760?s=21
11. Lakoff, G. and Johnson, M. (1999) *Philosophy in the Flesh: The Embodied Mind and Its Challenge to Western Thought*, Basic Books, p. 128.
12. 鮑里斯．強森、唐納．川普和激進無能的崛起，https://www.nytimes.com/2018/07/13/opinion/brexit-conservatives-boris- trump.html
13. 「紅、白、藍英國脫歐」：解讀梅伊旗幟飄揚的願景，https://www.theguardian.com/politics/2016/dec/06/red-white-blue-brexit-explaining-theresa-mays-bunting-draped-vision
14. 鮑里斯．強森在脫歐公投週年紀念日呼籲「全面英式脫歐」，https://inews.co.uk/news/boris-johnson-full-british-brexit/
15. 有如半熟水煮蛋的英國脫歐協議，雅各．芮斯-莫格表示契克斯峰會之後德蕾莎．梅伊的「軟」脫歐協議可能比「無協議」更糟糕，https://www.thesun.co.uk/news/6719294/jacob-rees-mogg-brexit-theresa-may-chequers-summit/
16. 英國脫歐：梅伊不會取消歐盟公民的特殊權利，https://www.bbc.co.uk/news/uk-politics-44752273
17. 如果回頭依賴世貿組織規則，英國將面臨「火車相撞式的脫歐」結果，https:// www.politico.eu/article/uk-faces-train-crash-brexit-if-it-falls-back-on-wto-rules/
18. 英國外交大臣鮑里斯．強森表示，人民希望完成英國全面脫歐，我們必須擺脫歐盟監管的束縛，https://www.thesun.co.uk/news/6604089/boris-johnson-full-british-brexit-eu-regulation/
19. 大衛．戴維斯表示，脫歐不會使英國「陷入《迷霧追魂手》似的反烏托邦世界」，https://www.theguardian.com/politics/2018/feb/19/david-davis-brexit-britain-mad-max
20. 鮑里斯．強森表示英國脫歐將「有如鐵達尼號般的成功」，https://www.the guardian.com/politics/2016/nov/03/brexit-will-be-titanic-success-says- boris-johnson
21. 「薛丁格的英國脫歐」（Schrödinger's Brexit），https://www.economist.com/buttonwoods-notebook/ 2016/11/30/schrodingers-brexit
22. 「逃不出的加州旅館」：英國脫歐派指責工黨企圖「暗中將英國困在歐盟」，https://www.express.co.uk/news/politics/851424/eu-brexit-hotel-california-labour-conservatives-bbc-newsnight-britain- single-market
23. https://twitter.com/BorisJohnson/status/1019586379771203584

24. 「變態！」雅各．芮斯–莫格抨擊軟脫歐派推出「謊言」使英國看起來「軟弱」，https://www.express.co.uk/news/uk/910817/jacob-rees-mogg- brexit-chancellor-philip-hammond-prime-minister-theresa-may-brino
25. 英國脫歐「有意義投票」：反抗者接受妥協後，梅伊獲勝，https://www.theguardian.com/politics/2018/jun/20/lead-tory-rebel-dominic-grieve-accepts-brexit-meaningful-vote-compromise
26. 史蒂夫．杜西表示，未成年者的拘留之所其實並非牢籠，http://nymag.com/daily/intelligencer/2018/06/steve-doocy-cages-minors-being-held-in-arent-really-cages.html
27. 蘿拉．英格拉漢將移民兒童拘留中心比作夏令營，https://www.huffingtonpost.co.uk/entry/laura-ingraham-immigrant-summer-camp_us_5b28b769e4b0f0b9e9a4840c
28. 川普的兒童拘留所像個集中營，https://www.sf chronicle.com/opinion/article/Trump-s-tent-city-for-children-is-a-13016150.php
29. 「集中營」的用辭爭議是錯誤的論戰，https://qz.com/1663546/the-concentration-camp-language-debate-is-the-wrong-fight/
30. 在川普的隔離政策下，嬰幼兒被送往「稚齡」庇護所，https://www.theguardian.com/us-news/2018/jun/20/babies-and-toddlers-sent-to-tender-age-shelters-under-trump-separations
31. Tender帶點嬰兒爽身粉和梨泥的味道，但不會出現在殘酷的拘留制度掩蓋之下，https://edition.cnn.com/2018/06/20/opinions/tender-trump-euphemisms-are-ineptly-orwellian-mcwhorter-opinion/index.html
32. 脫歐之後，三百八十萬個歐盟移民獲准留在英國，這比估計人數多出六十萬，他們還可以帶家屬來，http://www.dailymail.co.uk/news/article-5871947/3-8million-EU-migrants-allowed-stay-Brexit-bring-families.html
33. 四百萬歐盟國民得以申請留在英國，https://www.express.co.uk/news/ politics/977887/Brexit-news-4m-EU-migrants-can-apply-to-stay-in-UK
34. 英國脫歐之後，將有四百萬歐盟國民有權留在英國，暴力犯罪分子可能就在其中，https://www.telegraph.co. uk/politics/2018/06/21/nearly-4-million-eu-nationals-will-get-right-stay-uk-forever/
35. https://twitter.com/StephGrisham45/status/1009881721012150272
36. https://twitter.com/realdonaldtrump/status/1009916650622251009?s=21
37. https://twitter.com/pacecase/status/1009895553356845056?s=21

38. https://twitter.com/parkermolloy/status/1009894851792515072?s=21
39. 梅蘭妮亞．川普的外套:「我不在乎」可能代表的五件事，https://www. bbc.co.uk/news/world-us-canada-44574499
40. 我們對於梅蘭妮亞．川普服裝穿搭的了解，https:// www.thecut.com/2018/06/how-melania-trump-gets-clothes-fashion.html
41. https://twitter.com/ambiej/status/1010924872787083265
42. 簡述「我不在乎」的（法西斯主義）歷史，https://overland.org.au/2018/ 06/a-brief-fascist-history-of-i-dont-care/
43. 審視梅蘭妮亞．川普的夾克聲明及其時裝法西斯主義，https://www.newyorker.com/culture/annals-of-appearances/interrogating-melania-trumps-statement-jacket-and-its-fast-fashion-fascism
44. 梅蘭妮亞．川普表示「不在乎」夾克口號有其傳達意旨，https://www.bbc.co. uk/news/world-us-canada-45853364
45. 丹麥錯了，是的，傳統穆斯林長袍壓迫又荒謬，但這仍構不成禁止的理由， https://www.telegraph.co.uk/news/2018/08/05/denmark-has-got-wrong-yes-burka-oppressive-ridiculous-still/
46. 「這是奇恥大辱，我們看起來像一個七英石弱者，被一隻五百磅重的大猩猩壓迫得扭曲變形」，鮑里斯．強森強烈譴責我們的英國脫歐策略...https://www.dailymail.co.uk/news/article-6146853/BORIS-JOHNSON-JEREMY-HUNT-debate-Chequers-deal.html
47. 支持脫歐的選民不在乎家庭成員因此失去工作，http://uk.businessinsider.com/yougov-poll-leave-voters-happy-for-relatives-to-lose-jobs-over-brexit-2017-8
48. https://twitter.com/spikedonline/status/893019152503500800
49. Hot take 一詞的起源？https://www.merriam-webster.com/ words-at-play/origin-and-meaning-of-hot-take
50. 意見傳播速度，https://theawl.com/take-time-479afa9b3245
51. Hot take的發展史，https://newrepublic.com/article/121501/history-hot-take

第9章

1. 英國脫歐不會有第二次全民公投，否則將嚴重背叛我們的民主制度，https://www.telegraph.co.uk/politics/2018/09/ 01/will-no-second-referendum-brexit-would-gross-betrayal-democracy/

2. https://twitter.com/davidschneider/status/1036156280023535616
3. Benkler, Y., Faris, R. and Roberts, H. (2018) *Network Propaganda: Manipulation, Disinformation, and Radicalization in American Politics*, Oxford University Press, p. 27.
4. Flew, T. (2017) 'The "Theory" in Media Theory', *Media Theory*, 1: 1, pp. 43–56.
5. Polletta, F. (2006) *It Was Like a Fever: Storytelling in Protest and Politics*, Chicago University Press.
6. 亞倫．班克斯和安迪．威格莫爾面對議員質詢—實況轉播，https:// www.theguardian.com/uk-news/live/2018/jun/12/arron-banks-and-andy-wigmore-face-mps-leave-eu-brexit-russia-live
7. 從解放廣場（Tahrir Square）到唐納．川普，社交媒體的運用發展過程，https://www.technologyreview.com/s/611806/how-social-media-took-us-from-tahrir-square-to-donald-trump/
8. Carpenter, A. B. (2018) *Gaslighting America*, HarperCollins.
9. https://www.stopfake.org/en/tag/ukraine/
10. 《紐約時報》專欄引用了假新聞網站「無署名」的資訊，https://www.poynter.org/reporting-editing/2014/new-york-times-column-used-quote-from-fake-news-site-without-attribution/
11. 天空新聞觀點（Sky Views）：臉書的假新聞威脅民主，http://news.sky. com/story/sky-views-democracy-burns-as-facebook-lets-fake-news-thrive- 10652711
12. 巴爾幹半島的青少年如何利用假新聞欺騙川普的支持者，https://www.buzzfeed.com/craigsilverman/how-macedonia-became-a- global-hub-for-pro-trump-misinfo
13. 按讚，分享，殺戮，https://www.bbc.co.uk/news/resources/idt-sh/nigeria_ fake_news
14. https://twitter.com/realDonaldTrump/status/807588632877998081
15. 唐納．川普記者招待會，附加註釋，http://www.npr.org/2017/ 01/11/509137239/watch-live-trump-holds-first-press-conference-as- president-elect
16. 讀者公告訊息，http://time.com/4645541/donald-trump-white- house-oval-office/.
17. 阿塞德：酷刑報告屬於「假新聞時代」的一部分，http://www.washington examiner.com/assad-torture-report-part-of-the-fake-news-era/article/ 2614479

18. 針對辭職傳聞，傑瑞米．柯賓指責ＢＢＣ報導「假新聞」，http://www.independent.co.uk/news/uk/politics/jeremy-corbyn-bbc-fake-news-trump-reignation-rumours-labour-party-leader-clive-lewis-brexit-bill-a7570721.html
19. 唐納．川普聲稱「任何負面民調都是假新聞」，http://www.telegraph.co.uk/news/2017/02/06/negative-polls-fake-news-claims-trump/
20. 賽巴斯蒂安．戈爾卡在《新聞之夜》瘋狂專訪中為唐納．川普的記者招待會辯護，http://www.huffingtonpost.co.uk/entry/donald-trumps-press-conference_uk_58a6a02ee4b037d17d26854e
21. 定義菁英媒體，http://www.foxnews.com/story/2004/03/08/ defining-elite-media.html
22. 主流媒體是假新聞！http://www.rushlimbaugh.com/daily/ 2016/12/09/mainstream_media_is_fake_news
23. 「假新聞」調查啟動，https://www.parliament.uk/business/ committees/committees-a-z/commons-select/culture-media-and-sport- committee/news-parliament-2015/fake-news-launch-16-17/
24. 虛假訊息和「假新聞」：中期報告，https://publications.parliament.uk/pa/cm201719/cmselect/cmcumeds/363/36302.htm
25. 該停用「假新聞」一詞了，http://politics.co.uk/comment- analysis/2018/07/29/it-s-time-to-ditch-the-term-fake-news
26. 資訊混亂：建立跨學科的研究和決策架構，https://shorensteincenter.org/information-disorder-framework-for-research-and-policymaking/
27. 別再提「榮譽殺人」了，謀殺是沒有榮譽可言的，https://www.theguardian.com/commentisfree/2014/jun/23/stop-honour-killing-murder-women-oppresive-patriarchy
28. 我曾促成「假新聞」一詞的發展，但現在每次聽到它我就害怕，https://www.buzzfeednews.com/article/craigsilverman/i-helped-popularize-the-term-fake-news-and-now-i-cringe#.yaKaGpd9V

第四部　虛構故事與現實世界

第10章

1. 三十四年前的ＫＢＧ叛逃者驚人地預言了現代美國，https://bigthink.com/paul-ratner/34-years-ago-a-kgb-defector-described-america-today

2. 網路上有多少事情是造假的?原來,其實很多,http:// nymag.com/intelligencer/2018/12/how-much-of-the-internet-is-fake.html
3. 桑迪胡克小學槍擊事件:兒童權益保護辦公室報告,http://www.ct.gov/oca/lib/oca/sandyhook11212014.pdf
4. 桑迪胡克槍擊事件騙局,http://nymag.com/daily/intelligencer/2016/09/the- sandy-hook-hoax.html
5. 林博:瑪雅末日預言或許是亞當・藍札的行兇動機,https://www.salon.com/2012/12/20/limbaugh_maybe_the_mayan_apocalypse_made_adam_lanza_do_it/
6. Ricoeur, P. (1977) Freud and Philosophy: An Essay on Interpretation, trans.D. Savage, Yale University Press.
7. 《凱撒大帝》第一幕,第二場,第411-18行。
8. 唐納・川普競選陣營提供臨時演員五十美元,在他宣布參選時為他高聲歡呼,https://www.hollywoodreporter.com/news/donald-trump-campaign-offered-actors-803161
9. 「僱用群眾」業務公開運作,使新聞工作更加困難,https://www.poynter.org/news/hire-crowd-business-operates-openly-and-makes-journalism-even-more-difficult
10. 還記得《新聞之夜》中支持德蕾莎・梅伊脫歐協議的「牧師」嗎?她是BBC派的演員!https://evolvepolitics.com/remember-the-news night-vicar-who-supported-theresa-mays-brexit-deal-shes-a-bbc-actor/
11. 「危機演員」陰謀論從何而來,https://mother board.vice.com/en_us/article/pammy8/what-is-a-crisis-actor-conspiracy-theory-explanation-parkland-shooting-sandy-hook
12. 亞歷克斯・瓊斯因Infowars的謊言而被追查,面臨著法律十字路口, https://www.nytimes.com/2018/07/31/us/politics/alex-jones-defamation-suit-sandy-hook.html
13. 川普總統最喜愛的陰謀論者,其律師表示,只是在「扮演一個角色」,http://time.com/4743025/alex-jones-infowars-divorce- donald-trump/
14. 在特拉維斯郡監護權案中,陪審團將找出「真實的」亞歷克斯・瓊斯,https://www.statesman.com/news/20170418/exclusive-in-travis-county- custody-case-jury-will-search-for-real-alex-jones
15. 羅馬尼亞的荒謬:號召群眾示威抗議的執政黨,https:// www.euractiv.com/section/justice-home-affairs/news/romanian-absurd-a-ruling-party-that-calls-a-protest-meeting/

16. 羅馬尼亞造假的示威活動，https://emerging-europe.com/from-the- editor/romanias-counterfeit-protest/
17. 羅馬尼亞的「平行政府」：貧乏的民粹主義政治幻想，http://www.criticatac.ro/lefteast/the-romanian-parallel-state-the-political-phantasies-of-feeble-populism/
18. 引述「羅馬尼亞的荒謬：號召群眾示威抗議的執政黨」，https://www.euractiv.com/section/justice-home-affairs/news/romanian-absurd-a-ruling-party-that-calls-a-protest-meeting/
19. Paxton, R. (2004) *The Anatomy of Fascism*, Alfred A. Knopf.
20. 羅馬尼亞領導人抨擊反貪腐檢察官，宣稱這是「平行政府」的陰謀，https://www.nytimes.com/2018/06/17/world/europe/romania-corruption-prosecutors.html
21. 根據民意調查，幾乎一半的美國人認為「國中之國」存在，https://abcnews.go.com/Politics/lies-damn-lies-deep-state-plenty-americans-poll/story?id=4 7032061
22. 二〇一七年：反抗的一年，http://www.breitbart.com/big-government/ 2017/12/24/hold-2017-the-year-in-resistance/
23. https://twitter.com/DanRather/status/1020336734553292801
24. 史蒂夫‧希爾頓：是的，「國中之國」確實存在，東尼‧布萊爾警告過我，http://www.foxnews.com/opinion/2018/02/03/steve-hilton-yes-there-is-deep-state-and-tony-blair-warned-me-about-it.html
25. 從《西方極樂園》到《反恐危機》：流行文化對煤氣燈效應的痴迷，https://www.theguardian.com/tv-and-radio/2017/jan/21/gaslighting-westworld-archers-jessica-jones-homeland
26. Jones, N. (1991) *Through a Glass Darkly: The Life of Patrick Hamilton*, Scribners, p. 211.
27. Welch, B. (2008) *State of Confusion: Political Manipulation and the Assault on the American Mind*, Thomas Dunne Books.
28. 唐納‧川普對美國造成的煤氣燈效應，https://www.teenvogue.com/story/ donald-trump-is-gaslighting-america
29. Carpenter, A. B. (2018) *Gaslighting America*, HarperCollins.
30. 唐納‧川普吹噓成就並承諾全美步槍協會：我會捍衛槍枝權利，https://www.theguardian.com/us-news/2018/may/04/trump-nra-convention-dallas-gun-control

第11章

1. 契訶夫之槍，https://tvtropes.org/pmwiki/pmwiki.php/Main/Chekho vsGun
2. 癲癇樹，https://tvtropes.org/pmwiki/pmwiki.php/Main/Epileptic Trees
3. Barthes, R. (1977) *Image Music Text*, trans. S. Heath, Fontana, p. 89.
4. Forster, E. M. (1927) *Aspects of the Novel*, Edward Arnold.
5. Sloman, S. A. (2005) *Causal Models: How People Think About the World and Its Alternatives*, Oxford University Press.
6. Leslie, A. M. (1982) 'The Perception of Causality in Infants', *Perception*, 11, pp. 173–86.
7. Danks, D. (2009) 'The Psychology of Causal Perception and Reasoning', in H. Beebee, C. Hitchcock and P. Menzies (eds), *Oxford Handbook of Causation*, Oxford University Press, pp. 447–70.
8. Barkun, M. (2013) *A Culture of Conspiracy: Apocalyptic Visions in Contemporary America*, University of California Press, p. 8.
9. 懷疑心態：民粹主義時代的陰謀論，https:// www.martenscentre.eu/sites/default/files/publication-files/conspiracy-theories-populism-europe_0.pdf
10. 陰謀與民主：歷史、政治理論與網路研究，http://www.conspiracyanddemocracy.org/about/
11. 研究顯示六〇%的英國人相信陰謀論，https://www.theguardian.com/society/2018/nov/23/study-shows-60-of-britons-believe-in-conspiracy-theories
12. Barkun, M. (2013) *A Culture of Conspiracy: Apocalyptic Visions in Contemporary America*, University of California Press.
13. 莎拉．赫卡比．桑德斯，川普的攻擊手，https://www.newyorker. com/magazine/2018/09/24/sarah-huckabee-sanders-trumps-battering-ram/
14. 書評人在馬克．賈奇的「爛醉如泥」二十一年後，發現了什麼?‧https://www.nytimes.com/2018/10/02/books/wasted-mark-judge-memoir.html
15. 儘管這本書開頭有附註說是「根據真實經歷」，但有些名字已被修改，以保護當事人隱私。https://twitter.com/maassp/status/ 1045411516353302529

16. Barkun, M. (2003) *A Culture of Conspiracy: Apocalyptic Visions in Contemporary America*, University of California Press.
17. Brotherton, R. (2016) *Suspicious Minds: Why We Believe Conspiracy Theories*, Bloomsbury Sigma.
18. 瑪格麗特．艾特伍德講述川普當選促成《侍女的故事》電視劇，http://variety.com/2018/tv/news/margaret-atwood-handmaids-tale-trump-feminism-1202748535/
19. Weishaupt, I. (2016) *The Star Wars Conspiracy: Hidden Occult and Illuminati Symbolism of Aliens & the New Age*, CreateSpace Independent Publishing Platform.
20. 電影《絕地任務》的情節「或許是伊拉克武器MI6祕密情資的靈感來源」，https://www.theguardian.com/uk-news/2016/jul/06/movie-plot-the-rock-inspired-mi6-sources-iraqi-weapons-claim-chilcot-report
21. 《絕地任務》作者：「簡直荒謬至極」，對於此電影可能是大規模殺傷性武器虛假情資的靈感來源，表示震驚，https://www.theguardian.com/film/2016/ jul/08/it-was-such-obvious-bullshit-the-rock-writer-shocked-film-may-have-inspired-false-wmd-intelligence
22. 瑪格麗特．艾特伍德講述在川普時代《侍女的故事》代表之意義，https://www.nytimes.com/2017/03/10/books/review/margaret-atwood-handmaids-tale-age-of-trump.html
23. Uscinski, J. E. and Parent, J. M. (2014) *American Conspiracy Theories*,Oxford University Press.

第12章

1. 《贗品》，奧森．威爾斯執導，一九七三年。
2. Plato (1987) *The Republic*, trans. D. Lee, Penguin, p. 363.
3. Sidney, P. (1973 [1595]) *An Apology for Poetry: Or, the Defence of Poesy*, ed.G. Shepherd, Manchester University Press, p. 123–4.
4. 邁格拉希的醫生：「我只是提供醫學觀點，決定釋放他的另有其人」，https://www.theguardian.com/world/2010/aug/15/al-megrahi-karol- sikora-lockerbie
5. 詹姆士．弗雷及其出版商就謊言訴訟達成和解，https://www.nytimes.com/2006/09/07/arts/07frey.html
6. *Frey, J. (2003) A Million Little Pieces*, John Murray, p. v.

7. Genette, G. (1997) *Paratexts: Thresholds of Interpretation*, Cambridge University Press.
8. Frey, J. (2003) *A Million Little Pieces*, John Murray, p. vii.
9. Picasso, P. (1968) ‘Statement’, in H. B. Chipp (ed.), *Theories of Modern Art: A Sourcebook by Artists and Critics*, University of California Press, p. 264.
10. 渣男，https://www.theguardian.com/books/2003/may/18/biography.features
11. 詹姆士．弗雷：「我一直想做個亡命之徒」，www.guardian.co.uk/ books/2011/apr/19/james-frey-final-testament-bible
12. Frey, J. (2008) *Bright Shiny Morning*, John Murray, p. 1.
13. 所有政治人物都會撒謊，程度不一而已，https://www.nytimes.com/2015/12/13/opinion/campaign-stops/all-politicians-lie-some-lie-more-than-others.html
14. 這個說謊的混蛋為什麼要對我撒謊？http://blogs.bl.uk/thenewsroom/ 2014/07/why-is-this-lying-bastard-lying-to-me.html
15. Cronin, T. and Genovese, E. (1998) *The Paradoxes of the American Presidency*, Oxford University Press, p. 4.
16. Machiavelli, N. (1984 [1532]) *The Prince*, trans. P. Bondanella and M. Musa, Oxford University Press, p. 58.
17. 介紹「無底限的皮諾丘」，一再重複發表錯誤聲明的新評級，https://www.washingtonpost.com/politics/2018/12/10/meet-bottomless-pinocchio-new-rating-false-claim-repeated-over- over-again/
18. 川普的盟友辯稱他的競選謊言「令人耳目一新」，http://www.msnbc. com/rachel-maddow-show/trump-allies-defend-his-election-lie-refreshing
19. 唐納．川普的代筆人和盤托出，http://www.newyorker.com/ magazine/2016/07/25/donald-trumps-ghostwriter-tells-all
20. Orwell, G. (2013 [1946]) *Politics and the English Language*, Penguin, p. 14.
21. 說謊的政客及言論，https://www.youtube.com/watch?v=SKftRlzh2RM
22. 最後…讓我們拆穿謊言吧，http://www.nytimes.com/2008/09/21/weekinreview/21healy.html
23. 關於議會禁止行為的九條荒謬規定，http://www.inde pendent.co.uk/news/uk/politics/9-absurd-things-youre-not-allowed-to-do-in-parliament-10250704.html
24. 非議會語言，http://www.parliament.uk/site-information/ glossary/unparliamentary-language/

25. 媒體報導保羅．萊恩的演說：「撒謊」的十五個委婉用語，http://theweek.com/articles/472744/media-coverage-paul-ryans-speech-15-euphemisms-lying
26. 最後…讓我們拆穿謊言吧，http://www.nytimes.com/2008/09/21/ weekinreview/21healy.html
27. 在「謬誤」和「虛假」的漩渦中，明白揭穿謊言吧，https://www.nytimes.com/2017/01/25/business/media/donald-trump-lie-media.html
28. NPR和「騙子」一詞：關鍵在於意圖，http://www.npr.org/sections/thetwo-way/2017/01/25/511503605/npr-and-the-l-word-intent-is-key
29. Isenberg, A. (1973) *Aesthetics and Theory of Criticism: Selected Essays of Arnold Isenberg*, University of Chicago Press, p. 248.
30. 史派瑟：「我們絕對不是要刻意欺騙大眾」，http://www.politico.com/ story/2017/01/sean-spicer-press-conference-no-intention-lie-234054
31. Fallis, D. (2010) 'Lying and Deception', Philosophers' *Imprint*, 10: 11.
32. ASA不能規範政治廣告，原因在此，https://www.theguardian.com/commentisfree/2016/jul/06/advertising-standards-authority-political-advertisements
33. 聯邦貿易委員會針對Rice Krispies脆米片增進兒童免疫力的廣告調查，提出對家樂氏更嚴厲的禁令，https://www.ftc.gov/ news-events/press-releases/2010/06/ftc-investigation-ad-claims-rice- krispies-benefits-childrens
34. 聯邦法官否決俄亥俄州要求政治廣告真實性的法律，http://www.washingtontimes.com/news/2014/sep/11/federal-judge-rejects-ohio-law-requiring-truth-in-/
35. Grice, P. (1989) *Studies in the Way of Words*, Harvard University Press.
36. Trump, D. J. (2016) *Crippled America: How to Make America Great Again*, Simon & Schuster.
37. 根據數字來評價歐巴馬的經濟表現，http://www.cnbc.com/ 2016/07/15/grading-the-obama-economy-by-the-numbers.html.
38. 唐納．川普的心理，http://www.theatlantic.com/magazine/ archive/2016/06/the-mind-of-donald-trump/480771/
39. 《論廢話》的專家表示，唐納．川普胡說八道，http://time.com/4321036/donald- trump-bs/.

40. 德林波勒：在ＢＢＣ政治節目中被凌遲的感覺，https://www.breitbart.com/europe/2019/01/25/my-car-crash-interview-bbc-andrew-neil/
41. InfoWars商店，https://www.infowarsstore.com/infowars-media.html.
42. http://911truth.org/mission/
43. 老兵們渴望重獲「快艇」的聲譽，https://www.nytimes.com/2008/06/30/us/politics/30swift.html
44. 雙言巧語獎（The Doublespeak Award），http://www2.ncte.org/awards/doublespeak-award/
45. 全國英語教師委員會雙言巧語獎歷屆得主，http://www.ncte.org/library/NCTEFiles/Involved/Volunteer/Appointed_Groups/Past_Recipients_Doublespeak_Award.pdf
46. 語言誤用修辭學，https://johnsonsdictionaryonline.com/catachresis/
47. Benkler, Y., Faris, R. and Roberts, H. (2018) *Network Propaganda: Manipulation, Disinformation, and Radicalization in American Politics*, Oxford University Press, p. 16.

當政客都在說故事 破解政治敘事如何收攏民心、騙取選票

The Art of Political Storytelling: Why Stories Win Votes in Post-truth Politics

作者	菲利普 · 塞吉安特（Philip Seargeant）
譯者	何玉方
商周集團榮譽發行人	金惟純
商周集團執行長	郭奕伶
視覺顧問	陳栩椿
商業周刊出版部	
總編輯	余幸娟
責任編輯	潘玫均
封面設計	林芷伊
內頁排版	点泛視覺設計工作室
出版發行	城邦文化事業股份有限公司 - 商業周刊
地址	104 台北市中山區民生東路二段 141 號 4 樓
傳真服務	（02）2503-6989
劃撥帳號	50003033
戶名	英屬蓋曼群島商家庭傳媒股份有限公司城邦分公司
網站	www.businessweekly.com.tw
香港發行所	城邦（香港）出版集團有限公司 香港灣仔駱克道 193 號東超商業中心 1 樓 電話：(852)25086231　傳真：(852)25789337 E-mail：hkcite@biznetvigator.com
製版印刷	鴻柏印刷事業股份有限公司
總經銷	聯合發行股份有限公司　電話：(02) 2917-8022
初版 1 刷	2020 年 10 月
定價	400 元
ISBN	978-986-5519-19-3

國家圖書館出版品預行編目 (CIP) 資料

當政客都在說故事 : 破解政治敘事如何收攏民心、騙取選票 / 菲利普 . 塞吉安特 (Philip Seargeant) 著 ; 何玉方譯 . -- 初版 . -- 臺北市 : 城邦商業周刊 , 2020.10
面；　公分
譯自 : The art of political storytelling : why stories win votes in post-truth politics
ISBN 978-986-5519-19-3(平裝)
1. 政治傳播 2. 民粹主義
541.831657　　109013127

藍學堂

學習・奇趣・輕鬆讀